16990

CW00918853

EX LIBRIS

El capital
odia a todo el mundo

El capital
odia a todo el mundo
Fascismo o revolución

MAURIZIO LAZZARATO

Traducción de Fermín A. Rodríguez

ETERNA CADENCIA EDITORA

Lazzarato, Maurizio
El capital odia a todo el mundo: fascismo o revolución / Maurizio
Lazzarato. - 1a ed . - Ciudad Autónoma de Buenos Aires : Eterna
Cadencia, 2020.
200 p. ; 22 x 14 cm.

Traducción de: Fermín Rodríguez.
ISBN 978-987-712-187-2

1. Ensayo Político. 2. Fascismo. 3. Neoliberalismo. I. Rodríguez,
Fermín, trad. II. Título.
CDD 320.513

Título original: *Le capital déteste tout le monde*

© 2019, Maurizio Lazzarato
© 2020, ETERNA CADENCIA S.R.L.
© 2020, Fermín A. Rodríguez, de la traducción

Primera edición: febrero de 2020
Primera reimpresión: marzo de 2021

Publicado por ETERNA CADENCIA EDITORA
Honduras 5582 (C1414BND) Buenos Aires
editorial@eternacadencia.com
www.eternacadencia.com

ISBN 978-987-712-187-2

Hecho el depósito que marca la ley 11.723

Impreso en Argentina / *Printed in Argentina*

Queda prohibida la reproducción total o parcial de esta obra
por cualquier medio o procedimiento, sea mecánico o electrónico,
sin la autorización por escrito de los titulares del copyright.

ÍNDICE

Introducción
Tiempos apocalípticos

> Al margen del pensamiento del límite no hay ninguna
> estrategia, por tanto ninguna táctica, por tanto ninguna
> acción, por tanto ningún pensamiento o iniciativa ver-
> daderas, ninguna escritura, ninguna música, ninguna
> pintura, ninguna escultura, ningún cine, etc., posibles.
>
> Louis Althusser

Vivimos tiempos "apocalípticos", en el sentido literal del término: tiempos que ponen de manifiesto, que dejan ver. ("Apocalipsis" significa, etimológicamente, quitar el velo, descubrir o desvelar). Lo primero que revelan es que el colapso financiero de 2008 abrió un período de rupturas políticas. La alternativa "fascismo o revolución" es asimétrica y desigual: estamos inmersos en una sucesión en apariencia irresistible de "rupturas políticas" ejecutadas por fuerzas neofascistas, sexistas y racistas; y la ruptura revolucionaria resulta ser por el momento una mera hipótesis dictada por la necesidad de reintroducir lo que el neoliberalismo logró borrar de la memoria, de la acción y de la teoría de las fuerzas que luchan contra el capitalismo. Esa ha sido su victoria más importante.

Lo que los tiempos apocalípticos también ponen de manifiesto es que el nuevo fascismo es la otra cara del neoliberalismo. Wendy Brown sostiene con mucha seguridad una verdad de signo opuesto: "Desde el punto de vista de los primeros neoliberales, la galaxia que engloba a Trump, el Brexit, a Orbán, a los nazis en el Parlamento alemán, a los fascistas en el

9

Parlamento italiano convierte al sueño neoliberal en una pesadilla. Hayek, los ordoliberales o incluso la Escuela de Chicago repudiarían la forma actual del neoliberalismo y especialmente su aspecto más reciente".[1] Esto no solo es erróneo desde el punto de vista de los hechos, sino que también resulta problemático para entender el capital y el ejercicio de su poder. Al borrar la "violencia fundadora" del neoliberalismo, encarnada por las sangrientas dictaduras de América del Sur, cometemos un doble error político y teórico: nos centramos solo en la "violencia conservadora" de la economía, las instituciones, el derecho, la gubernamentalidad –experimentados por primera vez en el Chile de Pinochet– y presentamos al capital como un agente de modernización, como una potencia de innovación. Además, dejamos de lado la revolución mundial y su derrota, que son el origen y la causa de la "mundialización" como respuesta global del capital.

La concepción del poder que se deriva de ello queda pacificada: acción sobre una acción, gobierno de las conductas (Foucault) y no acción sobre las personas (de las cuales la guerra y la guerra civil son las expresiones más acabadas). El poder estaría incorporado a dispositivos impersonales que ejercen una violencia *soft* de manera automática. Por el contrario, la lógica de la guerra civil que se encuentra en la base del neoliberalismo no ha sido reabsorbida, eliminada ni reemplazada por el funcionamiento de la economía, el derecho y la democracia.

Los tiempos apocalípticos nos hacen ver que, aunque no haya ningún comunismo amenazando al capitalismo y a la propiedad, los nuevos fascismos están reactivando la relación entre violencia e institución, entre guerra y "gubernamentalidad".

[1] Wendy Brown, "Le néolibéralisme sape la démocratie", *AOC*, 5 de enero de 2019. Disponible en: https://aoc.media/entretien/2019/01/05/wendy-brown-neoliberalisme-sape-democratie-2.

Vivimos una época de indistinción, de hibridación entre estado de derecho y estado de excepción. La hegemonía del neofascismo se mide no solo por la fuerza de sus organizaciones, sino también por su capacidad de odiar al Estado y al sistema político y mediático.

Los tiempos apocalípticos revelan que, bajo la fachada democrática, detrás de las "innovaciones" económicas, sociales e institucionales, está siempre el odio de clase y la violencia de la confrontación estratégica. Basta un movimiento de ruptura como el de los chalecos amarillos, que no tiene nada de revolucionario o incluso de prerrevolucionario, para que el "espíritu de Versalles" se despierte y reaparezcan las ganas de disparar contra esa "basura" que amenaza al poder y a la propiedad, aunque no sea más que simbólicamente. Cuando el tiempo del capital se interrumpe, hasta un columnista burgués puede captar la emergencia de algo del orden de lo real: "El imperio actual del odio resucita fronteras de clase y de castas que han sido borrosas desde hace mucho tiempo [...]. Y de repente, el ácido del odio corroe la democracia y envuelve súbitamente a una sociedad política descompuesta, desestructurada, inestable, frágil e impredecible. El viejo odio reaparece en la Francia tambaleante del siglo XXI. Debajo de la modernidad, el odio".[2]

Los tiempos apocalípticos también ponen de manifiesto la fortaleza y la debilidad de los movimientos políticos que, desde 2011, han estado tratando de desafiar el poder monolítico del capital. Terminé este libro durante el levantamiento de los chalecos amarillos. Adoptar el punto de vista de la "revolución mundial" para leer dicho movimiento (pero también la Primavera Árabe, Occupy Wall Street en Estados Unidos, el 15-M en

---

[2] Alain Duhamel, "Le triomphe de la haine en politique", *Libération*, 9 de enero de 2019.

España, los días de junio de 2013 en Brasil, etc.) bien puede parecer pretencioso o alucinado. Y sin embargo, "pensar en el límite" significa volver a empezar a partir no solo de la derrota histórica sufrida en los años sesenta por la revolución mundial, sino también de las "posibilidades no realizadas" que fueron creadas y levantadas como bandera por las revoluciones, de manera diferente en el Norte que en el Sur, tímidamente movilizadas por los movimientos contemporáneos.

La forma del proceso revolucionario ya se había transformado en los años sesenta, pero se había encontrado con un obstáculo insuperable: la incapacidad de inventar un modelo diferente al inaugurado en 1917 por la larga sucesión de revoluciones del siglo xx. En el modelo leninista, la revolución todavía tenía la forma de la *realización*. La clase obrera era el sujeto que ya contenía las condiciones para la abolición del capitalismo y la instalación del comunismo. El pasaje de la "clase en sí" a la "clase para sí" debía ser *realizado* por medio de la toma de conciencia y la toma del poder, organizadas y dirigidas por el partido que aportaba desde afuera lo que les faltaba a las prácticas "sindicales" de los obreros.

Sin embargo, desde los años sesenta, el proceso revolucionario tomó la forma del acontecimiento: el sujeto político, en lugar de estar ya allí en potencia, es un sujeto "imprevisto" (los chalecos amarillos son un ejemplo paradigmático de esta imprevisibilidad); no encarna la necesidad de la historia, sino la contingencia del conflicto político. Su constitución, su "toma de conciencia", su programa y su organización están basados en un rechazo (a ser gobernado), una ruptura, un *aquí y ahora* radical que ninguna promesa de democracia y de justicia por venir es capaz de satisfacer.

Por supuesto, por mucho que le pese a Jacques Rancière, la sublevación tiene sus "razones" y sus "causas". Los chalecos amarillos son más inteligentes que los filósofos porque han "entendido" que la relación entre "producción" y "circulación" se ha invertido. La circulación –de dinero, bienes, personas e información– prevalece actualmente sobre la "producción".

Ya no ocupan más las fábricas, sino las calles y las plazas de la ciudad, y atacan la circulación de la información (la circulación del dinero es más abstracta: será necesario, para alcanzarla, otro nivel de organización y de acción). La condición de la emergencia de un proceso político es evidentemente una ruptura con las "razones" y las "causas" que lo generaron. Solo la interrupción del orden existente, solo la salida de la gubernamentalidad puede asegurar la apertura de un nuevo proceso político, porque los "gobernados", incluso cuando resisten, son el doble del poder, su correlato, su pareja. Al crear nuevos posibles inimaginables antes de su aparición, la ruptura con el tiempo de la dominación constituye las condiciones de la transformación del yo y del mundo. No es necesario recurrir a ninguna mística de la revuelta ni idealismo de la insurrección.

Los procesos de constitución del sujeto político, las formas de organización, la producción de conocimiento para la lucha que la interrupción del tiempo del poder hizo posible se enfrentan inmediatamente con "razones" como el beneficio, la propiedad y la herencia, que la revuelta no hizo desaparecer. Por el contrario, son más agresivos, invocan inmediatamente la restauración del orden, anteponiendo su policía, continuando como si no hubiera pasado nada con la implementación de las "reformas". Las alternativas son entonces radicales: o bien el nuevo proceso político logra cambiar las "razones" del capital, o bien estas mismas razones terminarán por cambiarlo. La apertura de posibles políticos queda frente a la realidad de un problema doble y formidable: el de la constitución del sujeto político y el del poder del capital, porque el primero solo puede tener lugar en el interior del segundo.

Las respuestas que las Primaveras Árabes, Occupy Wall Street, junio de 2013 en Brasil, etc., ofrecieron para estas

13

preguntas son muy débiles; los movimientos continúan buscando y experimentando sin encontrar una verdadera estrategia. No hay ninguna chance de que este *impasse* pueda ser superado por el "populismo de izquierda" practicado por Podemos en España. Su estrategia logró la liquidación de la revolución iniciada en el pos-68 por muchos marxistas cuyo marxismo había fracasado. La democracia como lugar de conflicto y subjetivación reemplaza al capitalismo y a la revolución (Lefort, Laclau, Rancière) en el mismo momento en que la máquina del capital literalmente engulle la "representación democrática". La afirmación de Claude Lefort –"en una democracia, el lugar del poder es un lugar vacío"– ha sido desmentida desde principios de la década de 1970: este lugar está ocupado por el capital como "soberano" *sui generis*. Cualquier partido que se instale allí solo puede funcionar como su "apoderado" (muchos se han burlado de la "simplificación" marxiana, que ha sido completamente realizada de manera casi caricaturesca por el actual presidente de Francia, Emmanuel Macron). El populismo de izquierda le da una nueva vida a algo que ya dejó de existir. En el neoliberalismo, la representación y el Parlamento no detentan ningún poder, y el poder está tan concentrado en el Ejecutivo que no obedece las órdenes del "pueblo" o del interés general, sino las del capital y la propiedad.

La voluntad de politizar los movimientos posteriores a 2008 aparece como reaccionaria, ya que impone precisamente lo que la revolución de los años sesenta rechazó y lo que cada movimiento que ha surgido desde entonces rechaza: el líder (carismático), la "trascendencia" del partido, la delegación de la representación, la democracia liberal, el pueblo. El posicionamiento del populismo de izquierda (y su sistematización teórica por parte de Laclau y Mouffe) impide nombrar al enemigo. Sus categorías (la "casta", "los de arriba" y "los de abajo") están a un paso de la teoría de la conspiración y a dos pasos de su culminación, la denuncia del "judaísmo internacional" que controlaría el mundo a través de las finanzas. Esta confusión, que los líderes y los teóricos de un inviable populismo de izquierda están interesados en mantener, continúa atravesando los movimientos. En el caso de los chalecos amarillos, la confusión viene de los medios de comunicación y del sistema político, lo cual expresa la vaguedad que aún caracteriza la modalidad de la ruptura. Hay que decir que en el desierto político contemporáneo, labrado por cincuenta años de contrarrevolución, no es fácil orientarse.

Al igual que los límites de todos los movimientos que se han venido dando desde 2011, los límites del movimiento de los chalecos amarillos son evidentes, pero ninguna fuerza "externa", ningún partido puede hacerse cargo de enseñar "qué hacer" y "cómo", como lo habían hecho los bolcheviques. Estas indicaciones solo pueden venir desde adentro, de manera inmanente. El interior está constituido, entre otras cosas, por los saberes, la experiencia, los puntos de vista de otros movimientos políticos, porque las luchas de los chalecos amarillos, a diferencia de las de la "clase obrera", no tienen la capacidad de representar a todo el proletariado, ni de expresar las críticas de todos los dominios que constituyen la máquina del capitalismo.

Constituido sobre la división Norte/Sur, el movimiento de los "colonizados internos" que reproduce un "tercer mundo" en el seno de los países centrales implica necesariamente, además de la crítica de la segregación interna, una crítica de la dominación internacional del capital, la explotación global de la fuerza de trabajo y los recursos del planeta. Algo que está ausente en los chalecos amarillos. Privado de este componente "racial" e internacional del capitalismo, el movimiento ofrece a veces la imagen de un nacionalismo "franchute". Pero no es posible ilusionarse con un espacio nacional: el Estado-nación, en el siglo XIX, debió su existencia a la dimensión global del capitalismo colonialista, y el estado de bienestar a la revolución mundial y a la escala planetaria de la confrontación estratégica de la Guerra Fría. La fractura racial sufrida por los "colonizados" dividió no solo la organización mundial del trabajo, sino también la revolución de los años sesenta. Hoy, las condiciones para la posibilidad de una revolución mundial radican, por una parte, en la invención de un nuevo internacionalismo que los movimientos de neocolonizados (inmigrantes, en primer lugar) incorporan casi físicamente y que los movimientos de mujeres, gracias a sus redes alrededor del mundo, movilizan de manera casi exclusiva; y, por otro lado, en la crítica de las jerarquías capitalistas, que no deben limitarse a la esfera del trabajo. Las divisiones sexuales y raciales estructuran no solo la reproducción del capital, sino también la distribución de las funciones y los roles sociales.

Hoy en día, un movimiento centrado en la "cuestión social" no puede ser espontáneamente socialista como en los siglos XIX y XX por el hecho de que la revolución mundial y social (que implica el conjunto de las relaciones de poder) haya pasado por allí. Sin una crítica de las divisiones raciales y sexuales, el movimiento queda expuesto a todas las recuperaciones posibles (desde la derecha y la extrema derecha), a las que hasta aquí, a pesar de todo, ha podido resistirse. Si las subjetividades que encarnan las luchas contra estas diferentes formas de dominación no pueden ser reducidas a la unidad del "significante vacío" del pueblo, como desearía el populismo de izquierda, el doble problema de la acción política común y el poder del capital permanece intacto. La incapacidad de pensar en el capital como una máquina *global* y *social*, cuya explotación y dominación no se limitan al "trabajo", es una de las causas fundamentales de la derrota de la década de 1960. Desde este punto de vista, la estrategia no ha cambiado: hoy como ayer, estamos lejos de tener una.

Desde 2011, los movimientos son "revolucionarios" en cuanto a sus formas de movilización (inventiva en la elección del espacio y el tiempo de la lucha, democracia radical y gran flexibilidad en las modalidades de organización, rechazo de la representación y del líder, sustracción a la centralización y totalización por parte de un partido, etc.) y "reformistas" en cuanto a sus reivindicaciones y a la definición del enemigo (nos "liberamos" de Mubarak, pero no tocamos su sistema de poder, de la misma manera que las críticas se concentran en Macron cuando él simplemente es, sin ninguna duda, un componente de la máquina del capital). La ruptura no produce cambios notables en la organización del poder y la propiedad, sino en la subjetividad de los insurgentes. Y si, a corto plazo, los movimientos son derrotados, los cambios subjetivos seguramente continuarán produciendo efectos políticos. A condición de no caer en la ilusión de que una "revolución social" pueda producirse sin "revolución política", es decir, sin superación del capitalismo.[3] El pos-68 ha demostrado que cuando la revolución social se separa de la revolución política, puede integrarse a la máquina capitalista sin ninguna dificultad como un nuevo recurso para la acumulación de capital. El "devenir revolucionario" inaugurado por estas transformaciones subjetivas no puede separarse de la "revolución", bajo pena de convertirse en un componente del capital, por lo tanto de su poder de destrucción y autodestrucción, que se manifiesta hoy en el neofascismo.

---

[3] Tal como Samuel Hayat explica en relación con los chalecos amarillos: "Se trata de un movimiento revolucionario, pero sin revolución en el sentido político del término: es más bien una revolución social, al menos en ciernes" (Samuel Hayat, "Les mouvements d'émancipation doivent s'adapter aux circonstances", *Ballast*, 20 de febrero de 2019. Disponible en: https://www.revue-ballast.fr/samuel-hayat-les-mouvements-demancipation).

1. Cuando el capital se va a la guerra

> El poder de una clase dominante no es simplemente el resultado de su fuerza económica y política, o de la distribución de la propiedad, o de la transformación del sistema productivo: siempre implica un triunfo histórico en el combate contra las clases subalternas.
>
> MICHAEL LÖWY

De Pinochet a Bolsonaro y viceversa

La elección de Jair Bolsonaro como presidente de Brasil marca una radicalización de la ola neofascista, racista y sexista que barre el planeta, cuyo único mérito es el de aclarar su sentido político de manera definitiva –eso es lo que esperamos–. Llamarla "populista" o "neoliberal-autoritaria" es una forma de mirar para otro lado.

Si la victoria de Bolsonaro es escalofriante, es porque reenvía directamente al acto de nacimiento político del neoliberalismo: el Chile de Augusto Pinochet. El gobierno de Brasil, con generales en puestos clave y un ministro de Economía y Finanzas ultraliberal, alumno de los Chicago Boys, es una mutación de la experimentación neoliberal construida sobre los cadáveres de miles de militantes comunistas y socialistas en Chile y en toda América Latina. Milton Friedman, líder de los Chicago Boys, conoce a Pinochet en 1975; Friedrich Hayek, el adalid de la "libertad", es recibido en Chile en 1977. Declara que "la dictadura puede ser necesaria" y que "con Pinochet, la libertad personal es mayor que con Allende".

Según se infiere de estas afirmaciones, en los "períodos de transición", en los que se tiene el derecho de matar a todo aquel que no se someta a la libertad del mercado, es "inevitable que alguien detente poderes absolutos para evitar y limitar el poder absoluto en el futuro". Sobre estas bases, durante una década (1975-1986), los economistas neoliberales gozaron de las condiciones "ideales" para experimentar con sus recetas, y la sangrienta represión de la revolución eliminó todo conflicto, toda oposición, toda crítica.

Otros países latinoamericanos han seguido estas políticas "innovadoras". Los Chicago Boys han ocupado cargos clave en Uruguay, Brasil y Argentina. A partir de la toma del poder por parte de Jorge Rafael Videla, responsable con la Junta Militar de otra masacre, tal vez más atroz aún, los neoliberales se incorporan al gobierno de los militares y tratan de replicar las políticas chilenas de reducciones masivas de los salarios, recortes del gasto social, puesta en marcha de la privatización de la educación, la salud, las jubilaciones, etc. Estas políticas fueron inmediatamente reconocidas y adoptadas por el Banco Mundial con el nombre que sigue identificándolas: "ajustes estructurales". Luego se aplicarán en África, el sur de Asia y llegarán mucho más tarde al Norte.

¿Cómo pensar estos fenómenos? La tradición de análisis que domina hoy, iniciada por Michel Foucault, ignora por completo la genealogía oscura, sucia y violenta del neoliberalismo, donde los torturadores militares se codean con los delincuentes de la teoría económica. El problema que esto plantea no es "moral" (la indignación con respecto al aniquilamiento armado de los procesos revolucionarios en América Latina), sino ante todo teórico y político. La gubernamentalidad, el empresario de sí mismo, la competencia, la libertad, la "racionalidad" del mercado, etc., todos estos bellos conceptos que Foucault encontró en los libros y que jamás cotejó con procesos políticos reales (¡una elección metodológica deliberada!)

poseen un presupuesto que nunca se explicita y que, por el contrario, resulta cuidadosamente omitido: la subjetividad de los "gobernados" solo puede construirse en condiciones de una derrota, más o menos sangrienta, que la haga pasar del estado de adversario político al de "vencido".

América Latina constituye en este sentido un caso de manual. Sus luchas fueron parte del ciclo de la revolución mundial de posguerra contra el colonialismo y el imperialismo, un ciclo que ha desestabilizado profundamente al capitalismo y a su economía-mundo. Se produjeron, en intensidad y extensión, niveles de organización y de lucha incomparables con los de Occidente. A estas subjetividades revolucionarias comprometidas en la superación del capitalismo y sus formas de dominación hubiera sido imposible imponerles o solo proponerles que se conciban como "capital humano", que se involucren en la competencia de todos contra todos, cultiven el egoísmo y codicien los "logros" y el "éxito" individual. Jamás se les podría haber hecho creer que si aceptaban el mercado, el Estado, la empresa, el individualismo, gozarían de "un control de su propia vida", jamás hubiera sido posible controlarlas y conducirlas individualmente hacia la "realización de uno mismo".

Después de que Salvador Allende ganara las elecciones y tomara el poder por la vía democrática, los estadounidenses decidieron destruir militarmente este proceso y eliminar físicamente a los revolucionarios que lo llevaron adelante. Fue esta *tabula rasa* subjetiva, a costa de miles de muertes, la que hizo que los experimentos neoliberales pudieran implantarse y que los "vencidos" quedaran "disponibles" para un imposible devenir empresario de sí mismo.

El neoliberalismo no cree, como su antecesor, en el funcionamiento "natural" del mercado; sabe que, por el contrario, hay que intervenir continuamente y respaldarlo a través de marcos legales, estímulos fiscales, económicos, etc. Pero hay un "intervencionismo" previo llamado "guerra civil", que es el único que puede crear las condiciones para "disciplinar" a los "gobernados" que tienen la osadía de querer la revolución y el comunismo. Por eso los Chicago Boys se abalanzaron como buitres sobre América Latina. Había allí una subjetividad devastada por la represión militar, cuyo proyecto político había sido derrotado y sobre el cual podían operar "libremente". Esta historia, que desapareció rápidamente de la memoria del pensamiento crítico, no es específica del neoliberalismo: antes, el ordoliberalismo solo había podido desplegar sus recetas sobre las subjetividades alemanas aniquiladas por la experiencia nazi.

En el Occidente de la posguerra, la lucha revolucionaria nunca alcanzó la intensidad y extensión que tuvo en América Latina y en el "Sur global" (de Vietnam a Argelia, de Cuba al Congo, de Yemen a Angola, Mozambique, etc.). Las organizaciones del movimiento obrero estaban plenamente integradas a la gubernamentalidad keynesiana, y los nuevos sujetos políticos surgidos durante la Guerra Fría resultaron incapaces de pensar y organizar un proceso de ruptura con el capitalismo, de manera que la derrota se produce de forma diferente. Más que en el Sur, la "revolución imposible del 68" fue anticapitalista tanto como antisocialista. Criticó enérgicamente la acción política codificada por las revoluciones rusa y china, pero también las estrategias de la socialdemocracia y los partidos comunistas. Atrapada entre un modelo revolucionario que era aún el del siglo xix y una revolución del siglo xxi que no supo inventar, terminó en una derrota histórica sin ninguna auténtica estrategia confrontativa. A pesar de la magnitud de los conflictos (millones de huelguistas en fábricas, rebeliones en las universidades, revueltas en familias y hospitales psiquiátricos, insubordinación en el ejército, etc.), los capitalistas y el Estado no tuvieron que enfrentarse con verdaderas revoluciones. Bastó que Margaret Thatcher derrotara a los mineros y Ronald Reagan a los controladores aéreos para que el "enemigo" colapsara.

22

La ruptura no vino de la multiplicidad de movimientos de protesta (los intentos revolucionarios se desarrollaron en los márgenes o de manera aislada, como en Italia, donde la represión fue inmediata y brutal), sino de las empresas, el Estado, los círculos conservadores que, a medida que se iban dando cuenta de que no tenían enfrente a *enemigos políticos*, sino solo a *rebeldes* y contestatarios, sacaron todavía más ventaja elaborando, en diez años, una verdadera teoría y práctica de la "contrarrevolución". Los métodos no eran los mismos que los del Chile de Pinochet, de Friedman y de Hayek, pero los modos de gestión de los poderes ejercidos a partir de las victorias logradas de manera diferente sobre los "vencidos" en múltiples derrotas convergieron rápidamente.

Los capitalistas y sus respectivos Estados siempre conciben sus estrategias (guerra, guerra civil, gubernamentalidad) en relación con la situación del mercado mundial y los peligros políticos que allí se presentan. Son estrategias que se construyen en el curso de los conflictos y que son dosificadas de acuerdo con las resistencias, el grado de oposición y las confrontaciones con las que se encuentran en el camino. Pero no debemos cometer el error de separar un Sur "violento" y un Norte "apaciguado": se trata del mismo capital, del mismo poder, de la misma guerra.

Los neoliberales, guiados por un odio de clase del que carecen sus oponentes, no se equivocaron al movilizarse en América Latina. No solo porque el capitalismo es un "mercado global" de forma inmediata, sino también porque la revolución, que por primera vez en la historia aparece como mundial, tenía en el Sur su hogar más activo. Tenía que ser aplastada como requisito previo de cualquier "gubernamentalidad", incluso si tenía que aliarse con fascistas, torturadores y criminales –y, por ende, legitimarlos–. Algo que los liberales (neo o no) están siempre dispuestos a hacer y a volver a hacer cada vez que la "propiedad privada" esté amenazada, incluso de manera virtual.

En el siglo XX, el capital no solo se enfrentó con la conflictividad del trabajo, sino también con el ciclo revolucionario más amplio e intenso de la historia. La revolución mundial fue portadora de novedades que los revolucionarios no reconocieron, valoraron ni organizaron: la revolución no depende del desarrollo de las fuerzas productivas (trabajo, ciencia, tecnología), sino del nivel y la intensidad de la organización política; dejó de ser el coto de la clase obrera, ya que desde la Revolución francesa, una gran parte de las revoluciones victoriosas han sido llevadas adelante por "campesinos".

Para tratar de entender lo que nos está sucediendo, debemos volver a principios del siglo xx. La cita de Michael Löwy en el epígrafe de este capítulo es una buena síntesis, fiel y eficaz, del pensamiento de Walter Benjamin, uno de los pocos marxistas que fue capaz de captar plenamente la ruptura que representan la guerra total y el fascismo. La definición que brinda del capitalismo amplía y radicaliza la de Marx, ya que el capital es para él tanto producción como guerra, poder de creación y poder de destrucción: solo el "triunfo sobre las clases subalternas" hace posible las transformaciones del sistema productivo, del poder, de la ley, la propiedad y el Estado.

Esta dinámica es la que se encuentra en la base del neoliberalismo, cuyo "triunfo histórico" –un triunfo en el que el fascismo desempeña una vez más un papel preponderante– remite a la "revolución mundial". Victoria sobre clases subordinadas muy diferentes a las que Benjamin tenía en mente: como la mayoría de los marxistas europeos de esa época, le costaba apreciar la importancia de la lucha anticolonial. Y, sin embargo, si el París de entreguerras ya no era la capital de la época, como en el siglo xix, desempeñó un papel decisivo en las revoluciones por venir como "capital del tercer mundo". La gran mayoría de los dirigentes que lideraron las luchas de liberación nacional contra el colonialismo,[4]

---

[4] Michael Goebel, *Paris, capitale du tiers monde. Comment est née la révolution anticoloniale (1919-1939)*, trad. al fr. P. Stockman, París, La Découverte, 2017.

motor de la revolución mundial, se formó en la encrucijada de las migraciones asiáticas, africanas y sudamericanas.

Las guerras totales de la primera mitad del siglo XX transformaron la guerra en guerra industrial y el fascismo en una organización de masas de la contrarrevolución. Tenemos detrás de nosotros un siglo que nos permite afirmar que la guerra y el fascismo son las fuerzas *políticas* y *económicas* necesarias para la conversión de la acumulación de capital, algo que no era obvio en la época de Marx. Sin la guerra civil y el fascismo, sin la "destrucción creativa", no hay reconversión de dispositivos económicos, jurídicos, estatales y gubernamentales. Desde 2008, hemos entrado en una nueva secuencia de este tipo.

Por lo tanto, la diferencia entre mi análisis del neoliberalismo y los de Michel Foucault, Luc Boltanski y Eve Chiapello o de Pierre Dardot y Christian Laval es radical: estos autores borran los orígenes fascistas del neoliberalismo, la "revolución mundial" de los años sesenta –que está lejos de limitarse al 68 francés–, pero también la contrarrevolución neoliberal, el marco ideológico de la revancha del capital. Esta diferencia radica en la naturaleza del capitalismo que estas teorías "pacifican" al borrar la victoria político-militar como condición de su expansión. El "triunfo" sobre las clases subalternas es parte de la naturaleza y la definición del capital, como lo son la moneda, el valor, la producción, etc.

LA FINANCIARIZACIÓN DE LOS POBRES

La confrontación entre enemigos políticos durante el siglo XX terminó con la victoria del capital que convirtió a los vencidos en "gobernados". Una vez que las alternativas revolucionarias fueron derrotadas y destruidas, una vez que se completó la *tabula rasa* subjetiva, pudieron establecerse nuevos dispositivos capaces de instaurar nuevos estándares para conducir y someter a los hombres. En la era de la dominación de las finanzas, el gobierno de las conductas no inaugura un período de paz: la relación gobernante-gobernado, que parece sustituir a la guerra, es en realidad su continuación por otros medios.

Unos días antes de la segunda vuelta de la última elección presidencial, una periodista brasileña, Eliane Brum, escribió:

> Cuando comenzábamos a discutir un proyecto original para el país, cuando los indígenas, los negros y las mujeres comienzan a ocupar nuevos espacios de poder, el proceso resulta interrumpido. Cuando comenzamos a disfrutar de la paz, se reanuda la guerra. Porque, de hecho, la guerra contra los más vulnerables jamás se detuvo. Tal vez por momentos se suavizó, pero nunca se detuvo. Esta vez, la perversión es que, hasta el momento, el proyecto autoritario se instaló bajo los hábitos de la democracia.[5]

Brum destaca una realidad que todos parecen denegar: la guerra nunca se detuvo. Su intensidad solo se modula según las coyunturas de la confrontación política. Desde el interior de estas relaciones "pacificadas", las contradicciones del régimen de acumulación financiera y las luchas que llevan adelante los gobernados determinan las condiciones de nuevas polarizaciones que, a partir de la secuencia política que se abrió en 2008 con el colapso del sistema financiero, llevarán a la ruptura de la gubernamentalidad establecida con Reagan y Thatcher.

En Brasil, podemos seguir este proceso paso a paso: desde el final de la dictadura hasta la implementación de los mecanismos de gobernanza financiera durante los mandatos de

---

[5] Eliane Brum, "Brésil: comment résister en ces temps de brutalité", *La Règle du jeu*, 17 de octubre de 2018. Disponible en: https://laregledujeu. org/2018/10/17/34436/bresil-comment-resister-en-des-temps-de-brutalite.

Lula da Silva y Dilma Rousseff y, a partir de la crisis de este último, a modalidades inéditas de estrategias confrontativas, cristalizadas por la elección de Bolsonaro. Lo que Brasil revela fácilmente es *la incompatibilidad radical del reformismo con el neoliberalismo*, ya que el neoliberalismo fue concebido y construido deliberadamente contra la experiencia "keynesiana". Vamos a analizar estas diferentes secuencias políticas desde un punto de vista específico, el de las "políticas sociales" elegidas por el capital financiero para imponer su dominio y que resultaron ser exactamente las mismas que en los países del Norte.[6]

El Partido de los Trabajadores (PT) tenía el proyecto de "redistribuir" la riqueza basándose en el "gasto social"; sin embargo, terminó financiándolo y, en parte, privatizándolo. La transformación de los pobres y de una fracción de los trabajadores asalariados en "hombres endeudados", que se consolida y se extiende a partir del primer mandato de Lula, tendrá consecuencias catastróficas después de la crisis de 2008. La lucha entre enemigos está nuevamente a la orden del día, pero, después de cuarenta años de neoliberalismo, en un marco completamente inédito: la ruptura de la gubernamentalidad se debe al uso de las instituciones democráticas por parte de la extrema derecha y a la gran debilidad de los movimientos anticapitalistas, incapaces de reorganizar y definir una nueva estrategia y nuevas modalidades de organización revolucionarias.

Uno de los pilares del "desarrollismo social" del PT –con el aumento del salario mínimo y de los salarios en general y

---

[6] Los desarrollos que siguen se apoyan en la obra de Lena Lavinas, *The Takeover of Social Policy by Financialization: The Brazilian Paradox*, Nueva York, Palgrave MacMillan, 2016; ver también Lena Lavinas, "How Social Developmentalism Reframed Social Policy in Brazil", *New Political Economy*, vol. 22, núm. 6, 2017.

con la creación de la Bolsa Familia (programa de ayuda a las familias más pobres)– fue el fomento del consumo, que estalló gracias al acceso al crédito de los pobres y los estratos más bajos de los trabajadores asalariados (el otro pilar de este desarrollismo fue la exportación de materias primas). Durante el último ciclo económico, el crédito parece haberse vuelto casi tan importante como los salarios para estimular el crecimiento de la demanda. Los salarios se duplicaron, pero el crédito al consumo se cuadruplicó –hasta representar casi el 45% del crecimiento de los ingresos familiares y un tercio del crecimiento del PBI–.

El acceso al crédito, que tenía como fin reducir la pobreza, funcionó también como caballo de Troya a través del cual la financiarización se introdujo en la vida cotidiana de millones de brasileños, especialmente los más pobres ("la inclusión por medio de las finanzas"). La relación acreedor-deudor como técnica que permite conducir y controlar las conductas es transversal a los grupos sociales, ya que funciona tanto con los pobres como con los desempleados, los asalariados, los jubilados. Técnica de una eficacia formidable, y que desplaza la lucha de clases a un nuevo terreno, donde las organizaciones de trabajadores asalariados tienen dificultades para posicionarse.[7]

La captura de nuevos grupos sociales (trabajadores, pobres y trabajadores pobres) en el circuito de la deuda fue facilitada por la introducción del "crédito consignado" por parte del PT: los bancos deducían los intereses de la deuda directamente de los salarios, las jubilaciones y las transferencias de ingresos,

---

[7] Para un análisis más profundo de la deuda, ver mis libros *La Fabrique de l'homme endetté*, París, Amsterdam, 2011 [*La fábrica del hombre endeudado*, trad. Horacio Pons, Buenos Aires, Amorrortu, 2013] y *Gouverner par la dette*, París, Les Prairies ordinaires, 2014 [*Gobernar a través de la deuda*, trad. Horacio Pons, Buenos Aires, Amorrortu, 2015].

asegurando a los bancos contra cualquier tipo de "riesgo". Para los bancos, esto indujo una disminución de los costos que hizo posible reducir el precio de los préstamos y, por lo tanto, ampliar el circuito del crédito.

El PT ha logrado imponer uno de los objetivos estratégicos del neoliberalismo: en la acumulación liderada por las finanzas, la "demanda efectiva keynesiana" y la redistribución de la riqueza por parte del Estado deben ser reemplazadas progresivamente por la privatización del gasto público y los servicios sociales (salud, educación, seguro de desempleo, jubilación, etc.). El financiamiento de estos gastos está garantizado por una creación de dinero que recurre a bancos privados e instituciones financieras, que multiplican las técnicas para facilitar el acceso al crédito. Así, el gobierno de izquierda favoreció otro objetivo de la agenda neoliberal aún más importante: la privatización de la creación de dinero, de la cual se deriva todo el resto de las privatizaciones. Esta estrategia de mercantilización de los servicios sociales constituye tanto una máquina para capturar las riquezas que se escapaban todavía de la valorización del capital financiero, un dispositivo formidable de producción de una subjetividad para el mercado y un proyecto de redefinición de las funciones del Estado.

Con el reemplazo creciente de la "demanda efectiva" keynesiana y las políticas redistributivas por la privatización de los servicios y el dinero, el capital financiero, tanto en Brasil como en otros lugares, tomó el control de la "reproducción social" y su financiarización. Ni el movimiento obrero ni el movimiento feminista han podido oponerle alternativas reales a esta apropiación/privatización de una "reproducción" que las corrientes feministas que piden la remuneración del trabajo doméstico (Wages for Housework) vienen diagnosticando como estratégica desde los años setenta.

Lena Lavinas describió específicamente la sintonía del gobierno del PT con las directrices de las instituciones financieras de la gobernanza global, que, al menos desde el año 2000, han abogado por la "inclusión a través de la financiarización" y la estimulación del crecimiento a través de créditos al consumo, que consideran el medio más eficaz para combatir la pobreza.

Después del colapso financiero en 2008, el Banco Mundial, el FMI y el G20 querían acelerar el desarrollo de "sistemas financieros inclusivos" para reducir las desigualdades y establecer "igualdad de oportunidades". La demencia autodestructiva –el fundamento suicida del capital–, cuidadosamente ocultada por una izquierda que le atribuye un poder de progreso y modernización que jamás tuvo, se manifiesta una vez más: resolver la crisis gracias a las técnicas financieras que la provocaron.

Pero la estrategia neoliberal es "económica" sin dejar de ser al mismo tiempo subjetiva: "Las ciencias económicas son el método, el objetivo es cambiar el corazón y el alma", decía Margaret Thatcher. Las nuevas políticas de protección social rompen radicalmente con los principios del estado de bienestar de posguerra, ya que apuntan a "proteger los medios básicos de subsistencia a la vez que fomentan la toma de riesgos" individuales. Incitan a los pobres a transformar sus conductas para poder asumir individualmente los riesgos que comporta una deuda.

Los "riesgos sociales" asumidos colectivamente, primero por la mutualización de los trabajadores y luego por el estado de bienestar, se vuelven ahora responsabilidad del individuo (el bienestar, aunque sea un medio de controlar a los trabajadores estatizando las formas de solidaridad entre ellos, mantenía el principio de socialización de los riesgos). Esta cobertura del sistema de riesgos sociales mediante el riesgo individual de endeudamiento es concebida por las instituciones financieras como una técnica de sujeción; los desembolsos regulares les imponen a los deudores una disciplina, una forma de vida, una forma de pensar y de actuar. A los ojos del Banco Mundial, este control de uno mismo es esencial para transformar a los pobres en empresarios capaces de manejar la irregularidad de sus flujos de ingresos gracias al crédito.

Estas nuevas técnicas de gubernamentalidad, muy diferentes de los dispositivos de poder fordistas, están destinadas a crear condiciones (incentivos económicos, estímulos fiscales, etc.) para orientar las "elecciones" de los individuos hacia el sector privado a través de una ingeniería social micropolítica que es fundamentalmente financiera: en lugar de prestar servicios, es necesario distribuir dinero o, mejor aún, el crédito que el individuo gastará en un mercado de proveedores de servicios abierto a la competencia. Así, el usuario de servicios sociales se transforma en un cliente endeudado.

El PT también realizó, sin saberlo, otro elemento del programa neoliberal que rápidamente se volvió contra él: la reconfiguración del Estado y sus funciones. Lejos de los neoliberales está la idea de un "Estado débil", de un Estado mínimo, y mucho menos una de "fobia al Estado". Por el contrario, la privatización de los servicios debe liberar al Estado de la presión que ejercen las luchas sociales sobre sus gastos. En lugar de ser el lugar de ejercicio de la soberanía, necesario para el buen desarrollo de la propiedad privada, durante la Guerra Fría el sistema político fue desbordado por demandas que socavaron la autoridad del Estado y extendieron sus funciones administrativas (este es el significado del informe de la Comisión Trilateral de 1975)[8].

Privatizar la "oferta" de servicios significa eliminar la dimensión política de la "demanda social" y su forma colectiva. El Estado, una vez liberado de las "expectativas", los derechos y la igualdad que conllevan las luchas, podrá asumir las funciones que

---

[8] Michel Crozier, Samuel Huntington y Joji Watanuki, *The Crisis of Democracy: On the Governability of Democracies*, Nueva York, New York University Press, 1975.

el neoliberalismo le tiene reservadas: se convertirá en "un Estado fuerte, para una economía libre", "un Estado fuerte con los débiles (los desposeídos) y débil con los fuertes (los propietarios)". No debe ser mínimo, sino organizar y administrar "prestaciones mínimas", es decir, garantizar una cobertura mínima de riesgos, porque el resto debe adquirirse en el mercado de las aseguradoras. Aquellos que no mantienen el ritmo de la competencia, y se quedan afuera del mercado laboral, tienen a su disposición un "mínimo" a partir del cual podrán volver a entrar en la competencia de todos contra todos (*workfare*). Por otro lado, es el propio Estado el que debe trabajar para lograr esta transformación, mediante la subfinanciación de los servicios, dejando que se degraden para introducir en su lugar políticas fiscales que fomenten el uso del crédito. Esto es precisamente lo que el Estado brasileño fue ejecutando gradualmente.

En Brasil, durante los mandatos de Lula, las consecuencias fueron formidables: endeudamiento, individualización y despolitización, sin que el "crecimiento" y la redistribución modifiquen la estructura de clases, aunque sea marginalmente. La inclusión por medio de las finanzas no subvirtió la desigualdad de las estructuras sociales y productivas, sino que, por el contrario, las ha reproducido, ya que la distribución por el crédito solo ha producido un "consumismo superficial". Lavinas señala que "en solo una década, la propiedad de bienes duraderos como teléfonos celulares, plasmas y heladeras se ha vuelto casi universal", independientemente del nivel de ingresos disponibles, mientras que Perry Anderson destaca los límites de esta estrategia consumista: "Hemos descuidado el suministro de agua, las rutas asfaltadas, la eficiencia del transporte público, las redes cloacales, las escuelas y los hospitales decentes. Los bienes colectivos no tienen ninguna prioridad ideológica o práctica".[9]

---

[9] Perry Anderson, "Crisis in Brazil", *London Review of Books*, abril de 2016.

Las grandes movilizaciones de 2013, que se desarrollaron por afuera del PT y en contra de él, fueron una manifestación de la frustración, la cólera, la decepción con los resultados de estas políticas sociales. Las demandas fueron precisamente la degradación del transporte, de los servicios de salud y de la educación. Firmaron la sentencia de muerte del "reformismo soft" del PT. El PT serruchó la rama en la que estaba sentado porque sus políticas de "redistribución" crearon un individualismo despolitizante que, de hecho, era el objetivo político perseguido por los neoliberales. Según Anderson, "[l]os pobres fueron los beneficiarios pasivos del poder del PT, que nunca los educó ni organizó, y mucho menos movilizó como fuerza colectiva. La redistribución estaba allí, elevando el nivel de vida de los más pobres, pero fue individualizada". Lavinas levantó la apuesta, dándole a la experiencia del PT una definición que podría sintetizarse de la siguiente manera: socialismo de tarjeta de crédito. "Una vez en el poder, el Partido de los Trabajadores sintió que era posible reconstruir la nación creando nuevas identidades sociales, basadas no en vínculos de pertenencia colectiva o solidaridad comunitaria, sino en el acceso al crédito, a una cuenta bancaria personal o a una tarjeta de crédito".

La ilusión de un crecimiento (o, más exactamente, de una acumulación de capital) que no produjera más que ganadores, capaz de reconciliar a las clases y movilizarlas en pos del proyecto de un gran Brasil, se estrelló contra las consecuencias del colapso financiero de 2008 y las inconsistencias internas de un proyecto de redistribución basado en las finanzas (pero también en la caída de los precios de los commodities del capitalismo "extractivo", que Bolsonaro va a revivir expandiendo los procesos de deforestación de la Amazonia, que el propio PT había favorecido).

El neoliberalismo no llegó al final de los mandatos de Lula; la ironía quiso que fuera cultivado por el Partido de los

Trabajadores. El capital también goza de excelentes relaciones con las instituciones del movimiento obrero, ya que la financiarización hubiera sido inconcebible sin los "fondos de pensión" de los trabajadores estadounidenses (profesores, funcionarios, obreros, etc.), grandes inversores institucionales en la Bolsa.

Pero tan pronto como existe el peligro, incluso si es creado por el capital mismo, se reconstruyen las alianzas entre las finanzas internacionales y nacionales, el fascismo, los terratenientes del agrobusiness, los militares y los religiosos (los católicos reaccionarios en la época de la dictadura, hoy los evangelistas), según la clásica estrategia que los neoliberales no tuvieron ningún problema en refrendar.

Junto a estos movimientos del gran capital, la revuelta y la voluntad de venganza de las elites blancas y de las clases medias altas encontraron el espacio político para manifestarse. El odio de clase causado por un trabajador presidente, por las cuotas que garantizan la inscripción de ciudadanos negros en la universidad o por la obligación de establecer un contrato de trabajo para las empleadas domésticas (rigurosamente no blancas) se expresó en ocasión del fracaso de las políticas económicas. Pero eso no excluye que las pasiones bajas del hombre endeudado, culpable y frustrado, temeroso y aislado, ansioso y despolitizado hayan puesto a una parte de los pobres y trabajadores a disposición de las aventuras fascistas. La micropolítica del crédito creó las condiciones de una micropolítica fascista.

Las confrontaciones estratégicas vuelven a estar a la orden del día después de que la locura de las recetas neoliberales fracasaron en todas partes, y no solo en Brasil. Pero esta ruptura de la gubernamentalidad no encontró bien preparados a los movimientos políticos, que desde 1985, el año del fin de la dictadura, dejaron de pensar en las nuevas condiciones de la guerra, la guerra civil y la revolución. La ola mundial de movilizaciones de 2011, en la cual se inscribe el movimiento brasileño de 2013, carece por completo de pensamiento estratégico –la gran ventaja de los movimientos revolucionarios en los siglos XIX y XX–.

La experiencia de América Latina en la era neoliberal se basó en un gran malentendido sobre el "reformismo". El "reformismo" no es una alternativa a la revolución porque depende de su realidad o de la amenaza (de una posible revolución). Sin un capitalismo en peligro, no hay "reformismo". Todos los movimientos políticos del siglo XIX, socialistas, anarquistas, comunistas, buscaron la superación y la destrucción del capitalismo. A pesar de las sangrientas derrotas "políticas" sufridas a lo largo del siglo, las conquistas sociales ganaron terreno. La Revolución rusa completó este ciclo de luchas y, a pesar de su fracaso político, sirvió, junto con el ciclo de revoluciones anticoloniales, para la conquista de nuevos derechos, incluso en Occidente (el bienestar, el derecho al trabajo, etc.). Los movimientos políticos contemporáneos están muy lejos de amenazar la existencia del capital, por lo que, durante cuarenta años, las derrotas económicas y sociales equivalen a derrotas políticas. América Latina está despertando de un sueño: poder practicar el reformismo sin la posibilidad de una revolución, sin que esta última, o su potencialidad, constituya una amenaza para la supervivencia del capitalismo.

Pensar en reducir la pobreza y mejorar la situación de los trabajadores y los proletarios a través de los mecanismos "financieros" fue más que una ingenuidad o una "paradoja": fue una perversión. Uno no puede hacer del "crédito" un simple instrumento, adaptable a cualquier proyecto político, ya que constituye el arma más abstracta y formidable del capitalismo. Como siempre, la financiarización, la introducción de lo "ilimitado" (infinito) en la producción, desembocó en una crisis económica y política. Y, como siempre, las crisis financieras abrieron una fase política marcada por la lógica de la guerra o, más precisamente, por el resurgimiento de las guerras de clase, raza y sexo que, desde el principio, son la base del capitalismo.

LOS NUEVOS FASCISMOS

Si los conservadores [estadounidenses] se convencen de que no pueden ganar democráticamente, no van a abandonar el conservadurismo. Van a rechazar la democracia.

DAVID FRUM

Los nuevos fascismos conquistaron la hegemonía política de dos maneras: declarando una "ruptura" con el "sistema" neoliberal (más en palabras que en los hechos) y, sobre todo, señalando al inmigrante, al refugiado, al musulmán como el enemigo. A través del racismo, las polarizaciones políticas que las desigualdades de clase no dejan de alimentar, especialmente a partir de 2008, se recomponen en un "pueblo" fantasmático pero "real", que toma forma e identidad en oposición a un enemigo común.

La guerra, como el racismo, el fascismo y el sexismo, cambia, se transforma. Después de cuarenta años de políticas neoliberales, lo que viene no será una simple repetición de la entreguerras. El neofascismo es el resultado de una doble mutación: por un lado, del fascismo histórico y, por otro, de la organización y la violencia contrarrevolucionaria. A este fenómeno muchos lo llaman hipócritamente "populismo". Las razones para "no ver" son profundas, arraigadas en las modalidades de producción y de consumo capitalistas.[10]

---

[10] Por ejemplo, la alianza surgida de las elecciones italianas de 2018 entre el Movimiento 5 Estrellas (populista) y la Liga (fascista) demuestra la in-

El fascismo contemporáneo es una mutación del fascismo histórico en el sentido de que es nacional-liberal en lugar de nacional-socialista. Hoy en día los movimientos políticos del 68 son tan débiles que ni siquiera es necesario retomar sus reivindicaciones tergiversándolas, como hicieron los fascistas y los nazis en la década de 1930. En ese momento, el sentido y la función que tenía la palabra "socialista" en sus bocas era precisamente los de integrar afirmaciones a las que la dictadura les quitaba toda carga revolucionaria. No hay nada de eso en el nuevo fascismo, que, por el contrario, es ultraliberal. Está a favor del mercado, la empresa, la iniciativa individual, incluso si quiere un Estado fuerte, por un lado, para "reprimir" a las minorías, "extranjeros", delincuentes, etc., y, por otro, como los ordoliberales, para construir literalmente el mercado, la empresa y especialmente la propiedad. Usa la democracia, que, sin el impulso igualitario de las revoluciones, es una cáscara vacía que se presta a cualquier aventura. El sistema parlamentario y las elecciones le convienen perfectamente, porque en estas circunstancias le son favorables. Su racismo es "cultural". No tiene nada del "conquistador" o imperialista, como en la época de la colonización: prefiere replegarse dentro de los límites del Estado-nación. Es más bien defensivo, temeroso, ansioso, consciente de que el futuro no está de su lado. El antisemitismo ha dado paso a la fobia del islam y el inmigrante.

consistencia política del populismo. La alianza les permitió a los neofascistas de la Liga no solo acceder al gobierno, sino también convertirse, en pocos meses, en la principal fuerza política de Italia. Bastó que Matteo Salvini, ministro del Interior miembro de la Liga, pronunciara las palabras mágicas "las puertas están cerradas" (para los inmigrantes) para volver inaudible cualquier deseo político expresado por el Movimiento 5 Estrellas. El populismo (incluido el de "izquierda") abre y prepara el acceso al poder de los nuevos fascismos.

El fascismo histórico fue una de las modalidades de actualización de la fuerza destructiva de las guerras totales; el fascismo que está creciendo ante nuestros ojos, por el contrario, es una de las modalidades de la guerra contra la población. El nuevo fascismo ni siquiera tiene que ser "violento", paramilitar, como el fascismo histórico cuando trataba de destruir militarmente a las organizaciones de trabajadores y campesinos, porque los movimientos políticos contemporáneos, a diferencia del "comunismo" de entreguerras, están muy lejos de amenazar la existencia del capital y de su sociedad: en las últimas décadas no ha habido movimientos políticos revolucionarios en Estados Unidos, Europa o América Latina, ni en Asia.

El fascismo histórico, una vez eliminadas las fuerzas revolucionarias, fue el agente de un proceso de "modernización" (Gramsci) que, "integrando" el socialismo, reprimió con violencia toda manifestación de conflictividad. En Italia, reestructuró la industria tradicional y creó la industria del cine, reformó la escuela y el código civil (todavía vigente) y estableció un estado de bienestar (que, con los nazis, fue todavía más "radical" que el de Estados Unidos). Con los nuevos fascismos, la agenda sigue siendo la del neoliberalismo, con un toque de nacionalismo.

La recomposición del pueblo en torno a su unidad fantasmática se ve fuertemente perturbada por la acción de las subjetividades gay, lesbianas y transgénero que escapan del modelo mayoritario que la nostalgia de los neofascistas quisiera reconstruir en torno a la heterosexualidad. El ascenso de las fuerzas neofascistas está siempre acompañado de feroces campañas de "odio" contra la llamada "teoría de género". La reconstrucción de la familia y el orden heterosexual constituye el otro vector poderoso de la subjetivación fascista.

Lo que comparten el viejo y el nuevo fascismo es un fondo de autodestrucción y un deseo suicida que el capital les ha transmitido: un capital que no es "producción" sin ser al mismo tiempo "destrucción" y "autodestrucción". Después del suicidio de Europa en la primera mitad del siglo XX, cuando el capitalismo alcanzó el grado más alto de desarrollo de sus fuerzas productivas, ¿estamos presenciando el de Estados Unidos, donde las fuerzas productivas han superado otro umbral de crecimiento? En cualquier caso, hay una continuidad, un aire de familia que atraviesa el capital y el fascismo, que el siglo XX ha sacado a la luz y que el siglo XXI propone nuevamente, bajo nuevas formas.

La evolución de esta ola fascista es difícil de prever: se caracteriza por notables diferencias internas –Erdogan y Bolsonaro por un lado, el neofascismo europeo por el otro, y Trump en el medio–. Lo que puede afirmarse con certeza es que los fascismos históricos no han resuelto las contradicciones y los *impasses* del capital. Por el contrario, los exasperaron y, por lo tanto, llevaron al mundo hacia la Segunda Guerra Mundial. Trump está desestabilizando al capitalismo neoliberal al querer acelerar la desregulación de las finanzas, fortalecer los monopolios de las empresas estadounidenses (especialmente las digitales), reducir los impuestos en beneficio de una "plutocracia", mientras pretende proteger a las víctimas de estas mismas desregulaciones y monopolios (la clase trabajadora blanca). Por no mencionar su política exterior.

El renacer del fascismo en Europa no data de hoy. Es simultáneo al comienzo del neoliberalismo (mientras que en América Latina, el fascismo fue su condición de posibilidad), debido a que la denuncia de la solución fordista de los "Treinta Gloriosos" requería nuevas modalidades de división, de control y de represión. Incitada, solicitada, organizada por el Estado, la gestión del racismo, el sexismo y el nacionalismo pasó a estar en manos de los nuevos fascismos.

Desde la perspectiva de Foucault, no hay ninguna dificultad para comprender su proliferación global: en cierto modo, los fascismos siempre han estado allí, son parte de la organización del Estado y del capital. Foucault los llama "excrecencias del poder", que existen virtualmente "de manera permanente en las sociedades occidentales", que son "en cierto modo estructurales, intrínsecos a nuestros sistemas y pueden revelarse a la menor oportunidad, lo que los vuelve perpetuamente posibles".[11] Cita, a modo de "ejemplos ineludibles", "el sistema mussolinista, hitlerista, estalinista", pero también Chile y Camboya. El fascismo no hizo más que prolongar "una serie de mecanismos que ya existían en el sistema social y político de Occidente". Pero si Foucault captó bien la relación entre Estado y fascismo, no vio su vínculo con el capital, que los vuelve componentes de su máquina de guerra.

No es solo una cuestión de decir como Primo Levi que si el fascismo y el nazismo ocurrieron una vez, pueden volver a suceder, sino afirmar que los fascismos, el racismo, el sexismo y las jerarquías que producen se inscriben de manera estructural en los mecanismos de acumulación del capital y de los Estados.

LOS FASCISTAS Y LA ECONOMÍA

Los liberales "progresistas" y "democráticos" no pueden creer en la alianza de ciertos sectores del mundo de los negocios, y en primer lugar el sector financiero, con los nuevos fascismos. No podemos sorprendernos por el "retorno" del fascismo con el neoliberalismo a menos que hagamos del fascismo una

---

[11] Michel Foucault, "La philosophie analytique et de la politique" (1978), *Dits et Écrits*, vol. II, París, Gallimard, 2001, p. 536 ["La filosofía analítica de la política", en *Estética, ética y hermenéutica. Obras esenciales*, vol. III, trad. Ángel Gabilondo, Buenos Aires, Paidós, 1999, pp. 112-113].

excepción y omitamos su certificado de nacimiento político.

No puede sorprendernos el "retorno" de la guerra que conlleva la financiarización a menos que sigamos concibiendo al capital como un simple "modo de producción". No hay ninguna incompatibilidad entre las dictaduras y el neoliberalismo. Los neoliberales no tienen ninguna duda acerca de esto. El libertario Ludwig von Mises declaró que el fascismo y las dictaduras salvaron la "civilización europea" (entendida como la propiedad privada), mérito que, según él, quedaría grabado en la historia para siempre. En cuanto al inefable Hayek, prefería una "dictadura liberal" a una "democracia sin liberalismo", en nombre de una propiedad privada sinónimo de libertad. Pinochet la garantizaba; con Allende, no estaba tan seguro.

Contrariamente a una opinión ampliamente compartida, difícil de erradicar, el fascismo no constituye un obstáculo para la economía, el comercio y las finanzas. En los debates del Parlamento francés previos a 1914 se escuchaban los mismos argumentos que hoy: la guerra es imposible porque la interdependencia de las economías nacionales es demasiado fuerte; la globalización penetró profundamente en la producción y el comercio como para que la guerra fuera posible. ¡Conocemos el resto! Después de la Primera Guerra Mundial, el fascismo italiano mantuvo buenas relaciones con Wall Street, a pesar de la "autarquía" económica que reivindicaba, y aunque Estados Unidos, bajo la presión de una xenofobia creciente, hubiera impuesto cuotas de inmigración que afectaban particularmente al régimen mussoliniano.

"Nacionalismo", autarquía, xenofobia no conciernen más que a la gestión interna de las diferentes poblaciones de los diferentes países e intervienen solo marginalmente en los asuntos económicos a escala planetaria. Incluso si las coyunturas son diferentes, la lección del período de entreguerras puede seguir siendo útil.

Las políticas nacionales de desarrollo económico están lejos de ser incompatibles con la promoción del comercio internacional y las redes financieras. Hay que tomar en serio lo "nacional" en lo "internacional". Las elites empresariales de Italia nunca consideraron el desarrollo de su país separado de la economía global. El efecto inmediato de la Primera Guerra Mundial no es tanto habilitar la desmundialización como reconfigurar los intercambios económicos internacionales.[12]

Hoover y Roosevelt, como por lo demás Churchill, hablan muy favorablemente de Mussolini, quien restaura el orden, "moderniza" la industria y el país, y aleja el peligro bolchevique, el único problema real para todas las elites capitalistas. "El acuerdo sobre las deudas de guerra negociado en 1925 es el acuerdo más generoso que Estados Unidos haya alcanzado con sus aliados [...]. Las inversiones estadounidenses en Italia superan rápidamente los 400 millones de dólares". Cuando el presidente Hoover quiso relanzar un gobierno global, la Italia fascista fue uno de sus socios privilegiados. La armonía de la década de 1920 entre liberales, finanzas y fascismo no se rompe debido a la intensificación de la dictadura fascista, sino por la crisis de 1929. Adam Tooze señala que la historia del vínculo entre la "democracia" y las finanzas con el fascismo fue reescrita y falsificada a lo largo la Guerra Fría, para "pasa[r] por alto el hecho de que, desde 1935, instituciones tan importantes como JP Morgan han colaborado estrechamente con hombres que hoy merecen el tratamiento de criminales fascistas".[13]

---

[12] Adam Tooze, "Quand les américains aimaient Mussolini", *Esprit*, mayo de 2017.
[13] Ibíd., pp. 68-69.

Una vez más, hay que ir a Hayek y a las razones que aduce para legitimar el fascismo. La dictadura –está hablando de Pinochet– desmantela las "libertades políticas" y permite que proliferen las "libertades personales" (la libertad de la economía, la libertad de comprar y vender, la libre empresa y, especialmente, la libertad de las finanzas para invertir, especular y saquear a través de la renta).

El único peligro, confirmado por la historia, es el de la autonomización de las políticas fascistas, que pueden convertirse en máquinas de guerra independientes y autodestructivas; pero es un riesgo que los capitalistas y los liberales no dudaron en correr cuando la propiedad privada estuvo en peligro y que no dudarán en correr cada vez que lo juzguen necesario. El capital no es solo economía, sino también poder, proyecto político, estrategia de confrontación política, enemigo jurado de las revoluciones políticas lideradas por sus "esclavos" (obreros, pobres, mujeres, colonizados). Contrariamente a otra idea aceptada, el capital no es "cosmopolita", y su desterritorialización, su indiferencia a los territorios y fronteras es muy relativa. Su propósito es desarrollar las fuerzas productivas, pero solo a condición de producir beneficios. Esta condición (claramente establecida por Marx) está en clara contradicción con el desarrollo "en sí" de la ciencia, el trabajo, la tecnología, etc. El beneficio requiere que la reterritorialización que asegura su existencia se realice a través del Estado-nación, el racismo, el sexismo y, cuando corresponda, la guerra y el fascismo, los únicos capaces de asegurar la continuidad política de la expropiación y la expoliación cuando la situación se endurece. Es ingenuo creer que la subordinación de las fuerzas productivas al beneficio sea puramente inmanente al funcionamiento de la economía, la ley, la tecnología. Sin Estado, sin guerra, sin racismo, sin fascismo, no hay beneficio alguno. El "triunfo" sobre las clases subalternas no ocurrió una vez para siempre, debe repetirse y reproducirse continuamente.

EL RACISMO CONTEMPORÁNEO, UNA MUTACIÓN DEL RACISMO COLONIAL

> Ah, escúchame bien, si te cruzas con "jóvenes" o no tan jóvenes de los barrios pobres, diles de parte mía que si hay algo que me enseñó este movimiento, es a reconsiderar completamente la mirada que yo tenía sobre esta "escoria" y su supuesta violencia. Hace un mes y medio que estoy ligando todas las semanas, y ya estoy harto, así que no puedo imaginar la furia que pueden tener en ellos por sufrir lo que sufren o dicen sufrir. En resumen, creo que esta es la primera vez que me siento cerca de ellos, y me digo casi todos los días que era un estúpido, con mi mirada de blanco promedio privilegiado.
>
> UN CHALECO AMARILLO

El fascismo histórico no constituye la primera actualización de las técnicas de poder represivas, destructivas y genocidas. Mucho antes de él, fueron la modalidad de control y regulación del sujeto colonial. La "regulación" de las poblaciones por medio de la esclavitud tiene su auge mucho antes del despliegue del biopoder europeo y mucho antes de su actualización en la Alemania nazi. La "pesada" máquina del colonialismo siempre mantuvo "entre la vida y la muerte –siempre más cerca de la muerte que de la vida– a aquellos que están forzados a moverla".[14] La incorporación del "racismo" al control de las poblaciones como arma de jerarquización y de segregación no fue un invento del fascismo, ya que fue ampliamente ejercido en las colonias donde se inventó la "raza".

El racismo contemporáneo es una mutación del racismo colonial y de la guerra contra las poblaciones colonizadas. El

---

[14] Jean-Paul Sartre, "Colonialisme et néo-colonialisme", en *Situations*, tomo VI, París, Gallimard, 1964, p. 54.

negro, el musulmán, el migrante no están del otro lado de la barrera racial, separados por el mar o el océano. Son ciudadanos que pueblan las ciudades del Norte, donde cubren a menudo los puestos más duros en el mercado laboral que los occidentales no quieren ocupar.

Desde la conquista de América, el capitalismo se ha regido por un gobierno mundial, cuya tarea principal es la producción y reproducción de la división entre las poblaciones de la metrópoli y las poblaciones de las colonias. La economía-mundo se estructuró a partir de la división racial que atravesó el planeta cumpliendo funciones tanto políticas como económicas. Una división dramática, al abrigo de la cual se constituyen los agenciamientos de poder y de saber europeos, pero también del movimiento obrero, que se "benefició" con esta estrategia imperialista, como les recuerda Engels a los obreros ingleses.

La fuerza y el rol estratégico de esta división se vuelven evidentes cuando, a partir de la Primera Guerra Mundial y, de manera más acelerada, después de la Segunda, esta cae bajo los sucesivos golpes de las revoluciones anticoloniales y antiimperialistas. Debido a su derrumbe, el capital se ve forzado a cambiar de estrategia y a transformar la *separación entre las poblaciones del Norte y del Sur* en *competencia entre todas las poblaciones* del planeta. La globalización es este acto estratégico de poner a competir la fuerza de trabajo a escala global.

Durante la época de la colonización, las migraciones iban de Europa al resto del mundo para explotarlo y, al exportar poblaciones, evitar las guerras civiles europeas. En la actualidad, el porcentaje muy pequeño de flujos migratorios que no van de sur a sur basta para desestabilizar al Norte, de modo que las divisiones raciales de las cuales son víctimas los migrantes se instalaron como medio de control de las poblaciones del Norte y se añaden a la segregación ya experimentada por los ciudadanos europeos de origen "colonial". El racismo, una técnica de gubernamentalidad del mercado de trabajo, va a cumplir también

45

un rol fundamental en la gobernanza política, donde constituye uno de los mecanismos más potentes de la subjetivación identitaria nacionalista.

Contra cualquier concepción modernizadora del capital, esta separación debe reproducirse de manera absoluta, de modo que si el capital ya no puede distribuir "trabajo libre" y "trabajo forzado", según la división entre colonia y metrópoli, tratará de producir la división dentro de esta última. Es por esta razón que el trabajo precario toma la forma de "trabajo de servicios" y gana, año tras año, nuevos sectores y nuevas capas del antiguo salariado.

Desde esta perspectiva, se podría afirmar que la globalización consistió en transferir a Occidente la heterogeneidad de las formas de sujeción y dominación característica de la producción en las colonias, organizada y controlada por el poder superior de las finanzas, más que una generalización del trabajo asalariado, según lo previó el marxismo. La estructuración de nuestras sociedades es formalmente similar a la realidad colonial: "proteiforme, desequilibrada, donde coexisten la esclavitud, la servidumbre, el trueque, el artesanado y las operaciones bursátiles".[15] El geógrafo Guy Burgel, de manera muy significativa, ve en la Francia contemporánea divisiones que reenvían a una forma de explotación colonial: "[L]a 'periferia' está más cerca de los análisis tercermundistas de un Celso Furtado o Samir Amin, que en los años sesenta se oponían al 'centro' del sistema capitalista, que de una simple cartografía y una sociología de los territorios".[16] La segregación "racial" es una

---

[15] Frantz Fanon, *Les Damnés de la terre* (1961), *Œuvres*, París, La Découverte, 2011, p. 509 [*Los condenados de la tierra*, trad. Julieta Campos, México, Fondo de Cultura Económica, 2018].

[16] Guy Burgel, "Les fins de mois difficiles avant la fin du monde", *Libération*, 26 de noviembre de 2018.

modalidad de gubernamentalidad que algunos Estados (como Israel) inscriben en su constitución formal, mientras que para otros (como Estados Unidos) constituye desde sus orígenes la base de su constitución material. La primera función de lo que Foucault llama "excrecencias de poder" es producir relaciones de sometimiento. En el pasado, la relación entre "colonizados" y "colonizadores"; en la actualidad, la de los migrantes y los racistas occidentales. El colonialismo, aunque es un ejercicio de violencia, se caracteriza por una forma específica de producción de subjetividad. De la misma manera, el racismo contemporáneo asegura una producción de sometimiento que le es propia.

Si es cierto, tal como lo señala Foucault, que los sometimientos "no son fenómenos derivados, efectos de otros procesos económicos y sociales", la producción del "racista" mantiene un vínculo muy estrecho con el capitalismo, especialmente con su motor más letal, la propiedad privada. El racismo hace posible la promesa que el liberalismo siempre ha hecho y que jamás podrá cumplir: hacer de cada individuo un propietario. Esta es la brillante intuición de Jean-Paul Sartre, que explica de esta manera el antisemitismo. Los antisemitas, dice Sartre, "pertenecen a la pequeña burguesía urbana [que] nada posee. Pero es precisamente irguiéndose contra el judío como adquieren de súbito conciencia de ser propietarios: al representarse al israelita como ladrón, se colocan en la envidiable posición de las personas que podrían ser robadas; puesto que el judío quiere sustraerles Francia, es que Francia les pertenece. Por eso han escogido el antisemitismo como un medio de realizar su calidad de propietarios".[17]

El objeto de odio y de rechazo cambió, pero el mismo mecanismo sigue funcionando: los inmigrantes, los emigrados,

---

[17] Jean-Paul Sartre, *Réflexions sur la question juive*, París, Gallimard, 1996, p. 26 [*Reflexiones sobre la cuestión judía*, Buenos Aires, Sur, 1948, p. 23].

los musulmanes, etc., "nos roban nuestros trabajos", "nuestras mujeres", "invaden nuestros territorios". El miedo a ser robado, el miedo en general, este poderoso afecto constitutivo de la política europea desde sus orígenes, define al racista: "Es un hombre que tiene miedo. No de los judíos, por cierto: de sí mismo, de su conciencia, de su libertad, de sus instintos, de sus responsabilidades, de la soledad, del cambio, de la sociedad y del mundo; de todo, menos de los judíos".[18] Los millones de propietarios y pequeños propietarios que ven la posibilidad *real* de perder lo poco que tienen a causa de los "delirios" de la Bolsa de valores encuentran su "propiedad" material y espiritual en la afirmación *fantasmática* de la nación, en la identidad del pueblo, en la soberanía.

LA SECESIÓN DE LOS PROPIETARIOS

Los más ricos han decidido hacernos la guerra [...]. Frecuento a gente rica en París y su indiferencia es total. Si les decís que en España, a los sesenta, es posible que tengas que trabajar por 2,60 euros la hora, no les importa. Te das cuenta de que están preparados para este mundo. En su cabeza, está decidido: para los pobres, va a ser muy duro, y les importa un carajo. [...] Viviremos entre ricos en búnkeres mini-burbuja. Peor para los mendigos. Por mucho tiempo tuve la impresión de que los ricos no se daban cuenta, pero creo que es peor: está arreglado, es lo que quieren, que la gente se hunda en una miseria negra. No ven al trabajador como un ser humano sino como un problema a gestionar.

VIRGINIE DESPENTES

---

[18] Ibíd., p. 62 [p. 48].

Los nuevos fascismos se limitan a reforzar las jerarquías de raza, sexo y clase; la estrategia política sigue siendo neoliberal. La misión de estos nuevos fascismos no es luchar contra una oposición que no existe, sino llevar a cabo hasta el final el proyecto político que está en la base de las políticas neoliberales. Contrariamente a las teorías que nos hablan del "éxodo" de la multitud (Negri) o de la "secesión" del pueblo (Rancière), es el capital el que organiza su fuga, su "separación" de la sociedad. Aunque "vivir juntos" nunca ha sido una de sus preocupaciones, el capital parece ahora afirmar sin ambages el objetivo que persigue de una manera absolutamente consciente: volverse políticamente *autónomo* e *independiente* de los trabajadores, los pobres, los no propietarios. *Políticamente*, al menos, porque desde el punto de vista "económico", los necesita, pero de la misma manera que el dueño de la plantación necesita de los esclavos. El neoliberalismo rompió con el pacto fordista anudado al empleo, pero los sindicatos y el movimiento obrero siguen atados a normas, reglas, derechos laborales y derechos sociales que se fueron destruyendo gradualmente para darles paso a relaciones de trabajo y de dominación serviles no negociables y no negociadas. Las *comunidades cerradas*, muy numerosas en Brasil, en Estados Unidos y en otros lugares, no son más que el síntoma folclórico, aunque perturbador, de esta visión de la "sociedad".

En Estados Unidos, el país donde el paradigma neoliberal se encuentra completamente desplegado, las "minorías" empobrecidas (negros, hispanos, mujeres), destinadas a los trabajos precarios, confinadas en guetos habitacionales y educativos, privadas de asistencia médica, de jubilación y objeto de una guerra racial feroz, pueblan las prisiones por cientos de miles. De aquí en adelante, esta realidad es también el futuro de una parte de la clase trabajadora blanca y de la clase media, de ahí el éxito de la política de Trump, que les promete un retorno a una imposible supremacía social, racial y sexual.

En la secesión de los propietarios, la privatización ha transformado las políticas de los seguros contra riesgos sociales en dispositivos que producen desigualdades crecientes. La privatización cambia radicalmente las funciones de lo que Foucault denomina "dispositivos de biopoder". Desde la década de 1970, se utilizó sistemáticamente para deshacer la "potencia" política acumulada por las poblaciones a lo largo de dos siglos de luchas revolucionarias y para anular su traducción a "derechos" a la salud, la educación, la jubilación, la indemnización, etc.: el acceso a todo esto dependerá de ahora en más de la propiedad y el patrimonio.

Para la gran mayoría de la población del planeta, la biopolítica debe proporcionar el mínimo "vital" necesario para su mera reproducción. En Francia, donde el *estado de bienestar* debería resistir mejor que en cualquier otra parte, las políticas económicas han producido como innovación la "tercera clase", la clase de los pobres que tienen derecho al transporte, hospitales, supermercados e incluso funerales de tercera categoría. La biopolítica divide (en tres clases e individualiza aún más sutilmente) y, al dividir, empobrece a una gran mayoría y enriquece a una pequeña minoría. No produce capital humano, al empresario de sí mismo, sino al "trabajador pobre", asignándole a esta mayoría la condición de "pobreza laboral".

El control y la regulación de las poblaciones ya no se hacen por medio de la *integración*, sino por el *apartheid* social (otro nombre de la secesión política del capital) más que por la biopolítica. Las sociedades se han convertido nuevamente en patrimoniales. Los rentistas reinan en ellas como en las novelas de Balzac. En cuanto a los salarios, habiendo adquirido el estatuto de "variable independiente" de la economía, se han vuelto a convertir, como antes del ciclo de revoluciones, en una simple variable de ajuste de las fluctuaciones de la ganancia y tienden irresistiblemente al "mínimo". Pero las desigualdades en el ingreso no son nada en comparación con las desigualdades en la riqueza, alimentadas por una renta que ya no es colonial, sino financiera.

A principios del siglo XXI, hay otros acontecimientos que afectan profundamente las subjetividades ya devastadas por la primera secuencia de políticas neoliberales. El colapso en 2008 del sistema financiero causó una doble ruptura "subjetiva" que inauguró una fase más intensa de inestabilidad directamente política, propicia para una conversión neofascista de la sociedad (o para una radicalización "revolucionaria"). Primero, la "crisis" de la deuda sancionó el fracaso de la figura del individualismo propietario y competitivo del "capital humano" e hizo emerger la figura subjetiva del "hombre endeudado", responsable y culpable del exceso de gasto público. En segundo lugar, tras una profundización de las políticas neoliberales de concentración de la riqueza y el patrimonio, la frustración, el miedo y la angustia del hombre endeudado produjeron una conversión de la subjetividad, disponible ahora para aventuras neofascistas, racistas, sexistas y para los fundamentalismos identitarios y soberanos.

El liberalismo contemporáneo está, por lo tanto, muy lejos de la imagen irónica que Foucault daba de la sociedad del empresario de sí mismo en *Nacimiento de la biopolítica*: la sociedad industrial "exhaustivamente disciplinaria" que daría lugar a la "optimización de los sistemas de diferencias", en la que "se concede tolerancia a los individuos y las prácticas minoritarias". Este cuadro idílico no vio la luz en ninguna parte. Y así como estamos muy, muy lejos de la optimización de los sistemas de diferencias y la tolerancia que se les concede a las minorías, también es imposible referirse al "discurso capitalista" de Jacques Lacan, una versión psicoanalítica del poder neoliberal según Foucault: la inyunción del poder ya no sería "obedece", sino "goza".

51

El goce es hoy lo que Trump pretende procurarles a los estadounidenses blancos cuando defiende su *whiteness* contra las "razas" (negros, latinos, árabes) que los "amenazan"; o es el goce de los hombres cuando los movimientos neoconservadores prometen la restauración del poder que habrían perdido, el orden familiar y la heterosexualidad. En Europa, el islam es el objeto de todos los investimentos paranoicos y todas las formas de resentimiento que el liberalismo produjo a lo largo de cuarenta años.

La época está caracterizada por la lógica de la guerra contra las poblaciones y sus articulaciones (racismo, fascismo y sexismo). La creciente intensidad de las movilizaciones neofascistas, la libre circulación del habla y actos racistas y sexistas parecen encajar dentro de la gubernamentalidad neoliberal sin demasiados problemas porque participan de la misma máquina de guerra capitalista.

En este cuadro trazado, por un lado, por el progreso del proyecto de secesión política de los "ricos" y, por otro, por la impotencia de las fuerzas que quieren bloquearlo, la democracia ya no sirve. La democracia representativa no entró en "crisis" con el neoliberalismo: el Poder Legislativo que debería realizarla y legitimarla comenzó a ser neutralizado por el Poder Ejecutivo desde la Primera Guerra Mundial. La guerra industrial conlleva una reconfiguración del Poder Ejecutivo, que no termina con el cese de las hostilidades, sino que, por el contrario, va a ir reduciendo progresivamente al Parlamento al estado de apéndice de ratificación y legitimación de los decretos del verdadero Poder Legislativo, que está en manos del gobierno. Pero detener el análisis aquí sería quedarse en el camino trazado por Carl Schmitt o Giorgio Agamben. El siglo xx ha manifestado una nueva realidad de la "política" que el neoliberalismo ha realizado por completo: el Poder Ejecutivo, como todo el sistema político-jurídico, es uno de los centros de decisión de la máquina de guerra capitalista, que ejecuta, ratifica y legitima los "decretos" destinados a aumentar la "vida" (el poder de actuar) del capital financiero. Los liberales siempre han entendido la democracia como una democracia de propietarios. Siempre han concebido los derechos como vinculados a la propiedad. Son las revoluciones las que impusieron la igualdad y las que conquistaron los derechos políticos y sociales "para todos". El capitalismo puede funcionar muy bien dentro de diferentes sistemas políticos: democracia constitucional, Estado centralizador y autoritario como en China, en Rusia o en los regímenes fascistas. La idea de que el capital va necesariamente de la mano con la democracia ha sido desmentida una y otra vez.

Guerra y circulación

A partir de finales de los años setenta, los movimientos posteriores al 68 dejaron de cuestionar y problematizar la guerra, la guerra civil y la revolución. Los conceptos de guerra y revolución fueron abandonados por los "vencidos", como si la guerra se hubiera pacificado y hubiera quedado integrada e incorporada, sin resto, a la producción, la democracia y el consumo, y la revolución pudiera solo ser conjugada con la tecnología (automotriz, informática, robótica, etc.). La paz se confundió con la victoria histórica del capitalismo y el "fin" de las guerras con la derrota de la revolución. Pero es imposible entender los cambios en el funcionamiento del capitalismo, su versión neoliberal, el surgimiento de nuevas formas de fascismo, sin tematizar las victorias y derrotas del siglo XX, ya que son los "triunfos" en la guerra de clases los que abrieron la posibilidad de estas transformaciones.

Si, como creo, la derrota política de fines de la década de 1960 y comienzos de 1970 implica igualmente una derrota teórica, la primera víctima fue el marxismo, que había aportado lo esencial de sus instrumentos políticos y teóricos al siglo de las revoluciones. La emergencia de sujetos políticos difícilmente identificables con la clase obrera (el movimiento de descolonización y el movimiento feminista, entre otros) sacudió el concepto de sujeto revolucionario inherente al marxismo europeo, pero las razones de su rápido colapso en los años setenta deben buscarse antes que nada en las guerras totales. La Gran Guerra fue la ocasión de la toma de poder por parte de los bolcheviques, pero también el origen de un cambio radical en el funcionamiento del capitalismo que se prolongó durante la Segunda Guerra Mundial y la Guerra Fría, transformación que el marxismo, a diferencia de los capitalistas, fue incapaz de captar.

Las dos guerras totales afectan profundamente la categoría marxiana de "producción", fundamento de la ruptura revolucionaria desde el momento que engendra al sujeto capaz de realizarla. La producción que se deriva de las guerras totales se diferencia radicalmente del modo en que Marx la había definido y, junto con ella, los sujetos "revolucionarios". *La producción se vuelve una parte de la circulación*, de muchas maneras. A partir de la Guerra Fría, no es más que un momento de la circulación de mercancías (logística) y, a partir del neoliberalismo, un momento de la circulación de dinero (finanzas) y de la circulación de información (medios de comunicación e industrias digitales). De manera más general, como lo sugirieron las teorías feministas, la producción no constituye actualmente más que una parte de la "reproducción social". Está subordinada a la posibilidad y a la capacidad de reproducir y controlar todas las formas de dominación y de confrontación estratégica que la caracterizan.

La logística pone de relieve, tal vez de manera más cabal que las finanzas y la información, la continuidad de la organización del trabajo y la organización de la guerra, la estricta implicación de lo civil y lo militar que se encuentra en la base del capitalismo contemporáneo y su mercado global.[19] La producción queda atrapada entre redes de "circulación" inmediatamente globales, que diseñan las nuevas dimensiones del espacio-tiempo de la acumulación, y modalidades inéditas de la guerra que atraviesan los Estados-nación y sus fronteras.

El conjunto de redes de circulación de bienes, dinero e información, pero también el conjunto de redes de reproducción social, son los ejes estratégicos de la "fábrica social mundial", es decir, de la reorganización de las economías nacionales en una máquina capitalista transnacional (de cuya construcción participan inevitablemente los Estados). A fines de los años cincuenta y principios de los sesenta, los capitalistas ya están pensando la "producción" a partir de la imbricación entre producción, distribución y consumo a escala del mercado mundial. Los capitalistas conciben el "valor" y calculan la valorización a partir del "costo total" de estos diferentes flujos integrados de circulación y producción. Gracias a la logística, la fábrica se fragmenta, se dispersa, se extiende por diferentes territorios, de modo que un solo producto incorpora una multiplicidad de elementos producidos en los cuatro rincones del planeta. Si Marx hizo de la fábrica el "motor" y el "principio de la cadena de valor", "las mercaderías se fabrican hoy *a lo largo del espacio logístico* más que en un solo espacio" (los marxistas tendrán dificultades para comprender la lógica y la función de la logística, debido a que su doble origen –por un lado, el comercio de esclavos y la circulación de bienes producidos en las colonias y, por otro, la guerra, especialmente la guerra

[19] En este sentido, resulta ejemplar el libro de Deborah Cowen, *The Deadly Life of Logistics: Mapping Violence in Global Trade* (Mineápolis, University of Minnesota Press, 2014). (Todas las citas relacionadas con la logística están tomadas de aquí). Carlotta Benvegnu fue la que me habló de este libro.

industrial– modifica su marco teórico que sigue siendo principalmente industrial y eurocéntrico).

La globalización extensiva, que explota al conjunto del planeta, y la globalización intensiva, que explota al conjunto de la sociedad, son la transposición "civil" de la "economía de guerra" de la primera mitad del siglo xx. La matriz del capitalismo contemporáneo se encuentra en la mundialización de la guerra y la movilización de todas las fuerzas sociales para la producción industrial de la destrucción que, con la bomba atómica, se vuelve virtualmente "total". Las dos guerras totales marcan la indisoluble unidad estratégica del capital y la guerra, de la producción y el poder (y en primer lugar del poder del Estado).

La considerable ventaja que el capital ha obtenido hoy respecto de la fuerza de trabajo tiene su origen a fines de los años cincuenta y principios de los sesenta, cuando los capitalistas, al integrar la doble socialización de la producción creada por las guerras totales, se plantearon la pregunta "¿Dónde termina la producción?". La respuesta a esta pregunta fue dada por la experiencia del ejército de Estados Unidos durante la Segunda Guerra Mundial, cuando la producción (para la guerra) no tenía límites, ya que se confundía con la actividad de la "nación" y su espacio, con el planeta entero. Como explica Cowen, "el antiguo arte militar de la logística ha jugado un papel fundamental en la construcción de la fábrica social global. [...] Las empresas comenzaron a interesarse en la logística durante la Segunda Guerra Mundial, cuando hubo que desplegar estratégicamente grandes cantidades de hombres y materiales por todo el mundo".

La guerra no es solo el modelo genealógico de la cadena de valor, sino que también es un componente indispensable del funcionamiento contemporáneo de la circulación del capital, porque la dimensión transnacional de la logística requiere un modelo de "seguridad" que dejó de estar centrado en el Estado-nación. Más que una simple militarización de la logística, se trata de una coproducción por parte de las empresas y las fuerzas armadas (el neoliberalismo introduce la privatización en esta área) de una nueva concepción de la relación entre valorización y "seguridad". El ejército estadounidense puso a disposición de los civiles la enorme experiencia productiva, tecnológica, científica y militar adquirida durante las guerras totales y la Guerra Fría. Al igual que con la financiarización, siempre es el Estado el que tiene la iniciativa y el problema radica en la manera en que estos "saberes" se transfieren al sector privado.

El Estado y sus fronteras, que son lo que definen el "interior" y el "exterior" de la nación, sentaron las bases de las divisiones entre acción policial y acción militar, guerra y paz, guerra y terrorismo. El funcionamiento transnacional de las finanzas y la logística ha desdibujado estas divisiones, especialmente aquellas entre lo civil y lo militar. La "seguridad" de la globalización, que invierte la relación entre circulación y producción, solo puede ser garantizada mediante una acción conjunta entre lo civil y lo militar, entre la empresa y los ejércitos (regulares y mercenarios).

Para un sistema que está basado no solo en la conectividad, sino también en la velocidad de la conectividad, la seguridad de las fronteras puede ser una fuente de inseguridad para la cadena de abastecimiento. La seguridad de la cadena de abastecimiento tiene como principal preocupación la protección del flujo de mercancías y la infraestructura de transporte y comunicación que lo sostienen.

La logística (gestión del transporte de mercancías y gestión del transporte de la información) hizo posible la producción flexible y *just in time*, y la "circulación" permitió la explotación global de una fuerza de trabajo esparcida por todo el planeta. La explotación de la fuerza de trabajo a escala mundial define al capitalismo, pero con la logística, por primera vez, es el resultado de una máquina "productiva", tecnológica, informativa, administrativa y militar-policíaca integrada. Gracias a la logística, el capital hace malabarismos entre la subsunción real y la subsunción formal de la fuerza de trabajo, es decir, entre la explotación de mano de obra altamente calificada a través de grandes inversiones en capital fijo (maquinaria, tecnologías, ciencia) y la explotación del trabajo servil, el trabajo infantil, la esclavitud, con modalidades que no parecen pertenecer a la modernidad capitalista. En realidad, hoy como ayer, el capitalismo mantiene unidas la más innovadora producción "intensiva en capital" y las formas de explotación "intensiva en trabajo" más tradicionales y violentas.

CIRCULACIÓN Y FINANZAS

> La deuda sigue siendo un neocolonialismo en el que los colonizadores se han convertido en asistentes técnicos. De hecho, deberíamos decir que se han convertido en asesinos técnicos. La deuda controlada por el imperialismo es una reconquista sabiamente organizada para que África, su crecimiento y su desarrollo obedezcan a normas que nos resultan completamente ajenas.
>
> THOMAS SANKARA, 29 de julio de 1987[20]

Lo que surge de la circulación contemporánea es, en muchos aspectos, muy diferente de los "dispositivos de seguridad"

.

---

[20] Sankara será asesinado cinco meses después de este discurso. También denunció el franco CFA, el otro dispositivo poderoso del neocolonialismo monetario en África, a través del cual Francia continúa manteniendo bajo su yugo la economía de catorce países africanos (más las Comoras): "El franco CFA, atado al sistema monetario francés, es un arma de la dominación francesa. La burguesía mercantil capitalista francesa edificó su fortuna sobre la espalda de nuestros pueblos a través de esta relación, de este monopolio monetario".

58

analizados por Foucault. Al igual que la logística, los dispositivos de seguridad tienen por objetivo ampliar continuamente los circuitos de circulación integrando "sin cesar nuevos elementos, la producción, la psicología, los comportamientos, las maneras de actuar de los productores, los compradores, los consumidores, los importadores, los exportadores, y se integra el mercado mundial". La confianza foucaultiana en los "dispositivos de seguridad" ("dejar fluir las circulaciones, controlarlas, seleccionar las buenas y las malas, permitir que la cosa se mueva siempre, se desplace sin cesar, vaya perpetuamente de un punto a otro, pero de manera tal que los peligros inherentes a esa circulación queden anulados"[21]) es muy similar a la falsa ingenuidad de los teóricos liberales. Los capitalistas son más cautelosos acerca de la capacidad casi automática de los dispositivos de seguridad para neutralizar los "peligros" y los "riesgos". Como acabamos de ver, piensan de manera más prosaica la circulación y la seguridad en estrecha cooperación con los militares.

Esta continua ampliación de la producción a través de la circulación se enfrenta con resistencias, rechazos, desviaciones, sustracciones, luchas violentas organizadas, sabotajes individuales, que para la gubernamentalidad implica necesariamente una relación con lo impredecible y lo imprevisto, lo que Foucault llama una "relación con el acontecimiento", con la "serie de eventos posibles", con lo "temporal" y lo "aleatorio" del conflicto. Pero en el capitalismo, esta relación con el acontecimiento pasa necesariamente por técnicas de guerra, que, por definición, trabajan con lo impredecible y lo imprevisto.

[21] Michel Foucault, *Securité, territoire, population. Cours au Collège de France, 1977-1978*, París, Gallimard/Le Seuil, pp. 46 y 67 [*Seguridad, territorio, población. Curso en el Collège de France, 1977-1978*, trad. Horacio Pons, Buenos Aires, Fondo de Cultura Económica, 2006, pp. 67 y 86].

Si nos ponemos en el punto de vista de la producción globalizada, tenemos, una vez más, una visión del neoliberalismo muy diferente de la que ofrece Foucault en *Nacimiento de la biopolítica*. La organización de la "producción" a partir de la circulación le permite al capitalismo "optimizar las diferencias" entre las condiciones de los trabajadores y los diferentes "costos laborales" alrededor del mundo, es decir, optimizar las modalidades heterogéneas de explotación y aprovechar las variaciones existentes entre los sistemas de seguridad social, entre los regímenes fiscales y jurídicos.

El gobierno de esta producción globalizada tiene su centro estratégico en las finanzas, cuya "mercancía", el dinero, circula a una velocidad incomparable a la de los mercados gerenciados por la logística. Al igual que la logística, las finanzas tienen una relación muy estrecha con la guerra y especialmente con la guerra contra las poblaciones, dentro de la cual son un arma temible. En efecto, el mercado global, sobre todo con el neoliberalismo, no integra sin diferenciar a través de técnicas racistas, segregacionistas, sexistas: no homogeneiza sin profundizar las desigualdades; no uniformiza sin acentuar las "guerras" entre Estados, las guerras de clase, de sexo y de raza.

Después del "triunfo histórico sobre las clases subalternas" de los años setenta, las instituciones financieras internacionales comenzaron a intervenir fuertemente con una nueva estrategia que redefinió las relaciones de poder como relación entre acreedores y deudores. La estrategia de la deuda se implementó por primera vez con un doble objetivo: recuperar lo que Occidente había perdido a causa de las luchas anticoloniales y disciplinar a las subjetividades herederas de las revoluciones antiimperialistas que difícilmente se plegaban a los imperativos del "desarrollo" planteados por el Banco Mundial.

Silvia Federici describe este proceso con mucha exactitud. En los años ochenta, el Banco Mundial desempeñó un papel central en África, reemplazando las "administraciones coloniales a punto de irse" y estableciendo un "programa especial" llamado "ajuste estructural":

A cambio de créditos supuestamente destinados al crecimiento económico, un país acuerda liberalizar las importaciones, privatizar las industrias públicas, abolir toda regulación del cambio de divisas y de los precios de los productos básicos, abolir todas las formas de subsidio a los servicios públicos, devaluar aún más la moneda y suprimir todos los derechos laborales y la seguridad social.[22]

Estas políticas de ajuste estructural llevan el nombre de la "experimentación chilena", que se extiende gracias a ellas.

Entre los años setenta y ochenta, las principales instituciones internacionales de capital denunciaron la "resistencia de África al desarrollo", porque las revoluciones antiimperialistas, a pesar de la derrota política, generaron comportamientos de rechazo que se interponían a los objetivos del capital.

La dificultad de los proletarios africanos para aceptar las leyes del capital como leyes naturales es particularmente fuerte entre las nuevas generaciones que crecieron en la era de intensas luchas de liberación.[23]

"La programación de la crisis de la deuda ha afectado desde comienzos de los años ochenta a más de veinticinco países africanos". La deuda fue el medio de "recolonizar gran parte

[22] Silvia Federici, *Reincantare il mondo*, Verona, Ombre Corte, 2018, p. 62.
[23] Ibíd., p. 59.

del antiguo mundo colonial, al exponer a regiones enteras a la presión insoportable de la deuda y reducirlas a la miseria. Debido a la crisis de la deuda, los logros obtenidos por medio de las luchas anticoloniales quedaron anulados".[24] La economía de la deuda ha sido tan eficaz como instrumento de recolonización e imposición de normas capitalistas en el "tercer mundo" que sus mecanismos se extendieron a los trabajadores estadounidenses y luego a los europeos.[25]

El capitalista colectivo construye su máquina de guerra y su estrategia a partir de la circulación; no existe entonces ninguna exterioridad, ninguna función parasitaria del capital financiero frente a la "economía real": por el contrario, gracias a su grado superior de desterritorialización, gracias a su velocidad y a su aceleración continua, el capital financiero goza de una visión del ciclo global de la "producción". Liberado de las restricciones políticas que le fueron impuestas durante el siglo XX a causa del poder destructivo que había generado, una vez que fue devuelto a su lógica de lo "ilimitado", del "siempre más", se convirtió gracias a su grado superior de desterritorialización en el lugar privilegiado de comando y estrategia, pero también en el origen de las guerras y, con ellas, de las confrontaciones estratégicas.

LOS MILITARES Y LA GUERRA DESPUÉS DE LA GUERRA FRÍA

La guerra, como fuerza productiva y como fuerza de reconversión política del capitalismo, sufrió a lo largo del siglo XX profundas transformaciones que los críticos del capitalismo, firmes en su convicción de que no formaba parte de su organización,

---

[24] Ibíd.
[25] Ibíd., pp. 90-91.

ignoraron completamente.[26] En medio de las nuevas definiciones de la guerra que los debates entre los militares produjeron después de la caída de la Unión Soviética, "la guerra contra la población" me parece la más útil para explicar no solo las estrategias militares, sino también las estrategias de las políticas del neoliberalismo. Las dos combinan, de manera diferente, lo civil y lo militar, y encuentran su punto de convergencia en la guerra contra las poblaciones.

Aunque los militares estén a veces más atentos a las transformaciones del capitalismo que los intelectuales críticos, suelen pasar por alto, como estos últimos, un fenómeno político fundamental: la derrota de la revolución. La Guerra Fría fue el escenario en el que se desarrolló (con la ayuda de los poderes estadounidense y soviético, y más a menudo, a pesar y en contra de ellos) una "guerra civil mundial", descrita de diversas maneras por Hannah Arendt, Reinhart Koselleck y Carl Schmitt, en la que se opusieron, en realidad, la "revolución mundial" y la máquina de guerra del capital. Hay que buscar las causas de las transformaciones de la guerra en la derrota de la revolución.

Después de las guerras industriales de la primera mitad del siglo XX, la guerra y el Estado comenzaron a convertirse en funciones y piezas de la máquina de guerra del capital. La "toma", la "conquista", la apropiación dejaron de ser prerrogativas exclusivas del Estado, que también perdió el "monopolio de la violencia y su uso". El Estado sigue imponiendo su propia voluntad por la fuerza, pero los medios de coerción se diversificaron (lo económico, lo cultural, lo social y la tecnología). Cada vez más, la fuerza está en manos de sujetos

---

[26] Para más detalles, ver el libro que escribí junto con Éric Alliez, *Guerres et Capital*, París, Amsterdam, 2016 [*Guerras y Capital*, de próxima aparición por Tinta Limón, La cebra y Fabricantes de sueños].

"civiles". "Hay ejércitos privados, compañías mercenarias, y hay instrumentos económicos y sociales tan efectivos como el bombardeo a gran escala".[27] La reversibilidad de la guerra y el poder vuelve a ser un tema central en los análisis de los militares, y encuentra en las finanzas el ejemplo mismo del ejercicio de la coerción por medio de la fuerza económica. Las finanzas combinan la forma más desterritorializada del capital y la forma más desterritorializada de soberanía: la guerra. Las finanzas "logran destruir las economías de los países débiles, causando tantas bajas como una batalla".[28]

En ningún caso se trata de una desaparición del Estado, sino de su integración en una estrategia, la del capital, que el Estado ya no puede elaborar y controlar como poder autónomo e independiente. Ejerce su "poder" en "asociación" con otras fuerzas que lo desbordan y lo someten a sus estrategias. Lo que subrayan todos los estudios estratégicos es que los efectos "destructivos" de la fuerza pueden tener origen económico y especialmente financiero.

Cuando los militares piensan hoy en la guerra, no piensan en la experiencia del "frente", en ejércitos regulares, en enfrentamientos entre Estados como en la época de las guerras totales que colonizaron nuestra imaginación. Los frentes, como las fronteras, se desplazan, se interiorizan en el territorio de los Estados "pacificados", ya que lo militar y lo civil se confunden. Y su objeto es la población mundial.

La guerra total se transformó en guerra global, en el sentido de que constituye la otra cara de la globalización, el aspecto militar de la acción "civil" del mercado mundial. Es endémica, intermitente, siempre a punto de estallar, pero en un contexto de guerra contra la población. La guerra en Siria,

---

[27] Fabio Mini, *La guerra spiegata a...,* Turín, Einaudi, 2013.
[28] Ibíd., p. 74.

la guerra de control y de "eliminación" de los inmigrantes, la guerra por la privatización del *welfare* ciertamente no son lo mismo, pero entre ellas hay una continuidad, una transversalidad política: en el capitalismo contemporáneo, la guerra es siempre, en el fondo, una guerra civil, una guerra contra la población. La guerra del capital, a diferencia de las guerras libradas por el Estado, no tiene como fundamento y objetivo la afirmación y la extensión de la soberanía, sino el sometimiento de los humanos y no humanos a la producción de valor. Solo bajo la hegemonía política del capital, la guerra civil global prima sobre la guerra entre Estados. Si bien no se trata de una guerra schmittiana (Estado, pueblo, destino), la máquina de guerra del capital reencuentra al *enemigo* cuando el sometimiento a las leyes de la producción y la gubernamentalidad se torna revolución. La extensión de la guerra global es igual a la del mercado mundial; por lo tanto, no basta con no tener conflictos armados en el propio territorio para poder decir que "no estamos en guerra" (esta última afirmación es un reflejo heredado de la era colonial: cuando se decía que Europa pasaba por un período de paz, no se tomaban en cuenta las guerras que los europeos libraban en las colonias).

"Es cierto que la guerra es un conflicto armado, pero las armas no son solo las que conocemos como tales [...]. El conflicto debe ser efectivo, pero los signos de esta situación no son solo militares [...]. El conflicto debe estar extendido, pero la extensión" solo puede medirse por "los efectos que tiene el conflicto sobre la soberanía y el funcionamiento de las comunidades políticas afectadas [...]. El carácter engañoso de la extensión es lo que permite que todos los países de la OTAN no se sientan en guerra, mientras que sus tropas luchan en todo el planeta".[29] En la definición de guerra contemporánea

---

[29] Ibíd., p. 39.

nos reencontramos con todas las características de las dos guerras mundiales: "La guerra, de fenómeno excepcional y limitado en el tiempo, el espacio y los medios, devino total, asimétrica y permanente".

Foucault, en la época en que todavía trataba de captar la relación social a través de la "guerra civil" (1971-1976), pero sin nunca tomar en cuenta las dos guerras mundiales y las guerras civiles europeas del siglo XX, arriba a las mismas conclusiones que los militares. En una entrevista en la que interpreta el rol de entrevistador, dice: "El problema, en realidad, sería saber si el papel del ejército consiste en hacer la guerra. Porque si te fijas bien en la historia, te das cuenta de que el ejército, a fin de cuentas, cuanto más se especializó como ejército, más, al mismo tiempo, dejaron de ser las guerras lo propio de los ejércitos para volverse un fenómeno político, económico, etc., que englobaba al cuerpo total de la población".[30] El concepto de población hace surgir un diferendo político con Foucault, cuya posición me parece que es sintomática de la sensibilidad política de una época, la del pos-68. Durante la mayor parte del siglo XX, el problema político no fue el de la población y su "vida", sino el de las clases, las "naciones" colonizadas y sus revoluciones (incluso en la guerra nazi contra el "judeo-bolchevismo", los judíos eran enemigos "fantaseados", el verdadero peligro político provenía de la Revolución rusa).[31] La victoria del

---

[30] Thierry Voeltzel, *Vingt ans et après*, París, Gallimard, 2014, p. 150.

[31] De manera inexplicable, cuando Foucault desarrolla la relación entre biopolítica y nazismo, no aborda el evento más importante de la primera mitad del siglo XX, ocurrido en 1917. "El impacto de la Revolución soviética marcó a Alemania como a ningún otro país. La línea de división política, que atraviesa la historia de las décadas siguientes, cristalizó las esperanzas, los odios y los temores de una población partida en dos, a lo largo de una confrontación que ha sido histórica" (Donatella di Cesare, *Heidegger, les Juifs, la Shoah. Les Cahiers noirs*, trad. al fr. por G. Deniau, París, Le Seuil, 2016, p. 222).

capital transforma la clase o la nación en armas en "población", es decir, masas de trabajadores, desocupados, criminales, locos, migrantes, etc., que en ausencia de ser revolucionarios vuelven a ser "peligrosos". Solo en las condiciones de una derrota de la revolución puede la guerra civil convertirse en gubernamentalidad, es decir, "guerra en el seno de la población" donde los lugares de vencedores y vencidos ya están asignados.

La transformación de la guerra civil mundial en biopolítica ("guerra en el seno de la población") convierte a esta última en una guerra sin "enemigo", ya que este desapareció con la revolución. Con la disolución de la clase en la población, lo que el poder ve por todas partes es al "terrorista", menos como revolución que como "peligro", "riesgo" o fuente de "caos". Esta guerra que coincide con el control de la población no tiene ni principio ni fin. Del mismo modo, no prevé la victoria o la derrota, ya que las relaciones de fuerza están asimétricamente establecidas y estabilizadas en provecho del capital. No hay un enemigo a vencer, solo *vencidos* para gobernar y terroristas para neutralizar. Los vencidos pueden convertirse en enemigo político en cualquier momento, siempre que la subordinación a la biopolítica y a la gubernamentalidad se torne confrontación estratégica. En este terreno inestable, intervienen las "técnicas de seguridad" que anticiparían lo que no puede ser (el acontecimiento de ruptura) y cuyas intervenciones se multiplican debido a esta misma imposibilidad.

La guerra global, como guerra contra la población, no conoce la paz. O, más bien, se convierte en una "continuación de la guerra por otros medios".[32] La imbricación de la guerra y el poder en Foucault, antes de la conceptualización de la biopolítica y la gubernamentalidad, prescinde de la paz, al igual que la teorización de militares y civiles en los escritos militares posteriores a 1989.

---

[32] Fabio Mini, *La guerra spiegata a…*, ob. cit., p. 35.

A través de estas categorías, Foucault y los militares registran un cambio que tuvo lugar después de la Segunda Guerra Mundial, pero que se acentuará aún más con el neoliberalismo: la victoria ya no conduce a un período de "paz", sino contrariamente a la reproducción de la inestabilidad (de la misma manera que la "crisis" económica, de coyuntural, se vuelve permanente). La definición de guerra que excluye la paz como su doble invertido lleva una crítica implícita de la concepción dialéctica de la guerra, característica del marxismo revolucionario. En Mao, la guerra y la paz eran todavía ejemplos de una relación dialéctica en la que "la identidad de los opuestos" contenía la posibilidad de inversión de cada término. Pero al menos desde el final de la Guerra Fría, la guerra y la paz dejan de oponerse dialécticamente, de convertirse la una en la otra y los adversarios, de enfrentarse como opuestos/idénticos. Lo negativo ya no es dialectizable. Lo negativo sigue siendo negativo. Lo que se instala es una inestabilidad radical. De allí la necesidad de pensar las técnicas de gubernamentalidad que combinan lo civil y lo militar, la guerra y el poder como una "guerra en el seno de las poblaciones". La policía es la institución que mejor puede manejar esta situación, ya que la indistinción entre paz y guerra, violencia y derecho, es su fundamento:

> Por ello la policía interviene "en nombre de la seguridad" allí donde no existe una clara situación de derecho, como cuando, sin referencia a fines de derecho, inflige brutales molestias al ciudadano a lo largo de una vía regulada por decretos, o bien solapadamente lo vigila.[33]

---

[33] Walter Benjamin, "Critique de la violence", *Œuvres I*, París, Gallimard, 2000, p. 224 ["Para una crítica de la violencia", en *Para una crítica de la violencia y otros ensayos. Iluminaciones IV*, trad. Roberto Blatt, Madrid, Taurus, 1991, p. 32].

La novedad más destacable radica en la dirección y la gestión de esta guerra, que las elites capitalistas neoliberales ceden o son obligadas a ceder a los nuevos fascistas. La mutación del fascismo que se produjo con el neoliberalismo es sinónima de una nueva transformación de la guerra contra la población, cuya intensidad dependerá de la fuerza de resistencia que se le oponga. Si el fascismo histórico fue una continuación de la guerra total, el nuevo fascismo se caracteriza más bien por las modalidades de la guerra en el seno de las poblaciones.

La "pacificación" del concepto de "poder"

> El origen de todo contrato, no solo su posible conclusión, nos remite a la violencia. Aunque su violencia fundadora no tiene por qué estar inmediatamente presente en el momento de su formulación, está representada en él bajo la forma del poder que lo garantiza y que es su origen violento, y ello, sin excluir la posibilidad de que ese mismo poder se incluya por su fuerza como parte legal del contrato. Toda institución de derecho se corrompe si desaparece de su conciencia la presencia latente de la violencia.
>
> Walter Benjamin

El juicio que se tenga sobre la guerra implica un juicio sobre el capitalismo y las luchas que pueden librarse en él, porque toda guerra es, en última instancia, una guerra civil. En prácticamente todo el pensamiento crítico pos-68, el capitalismo y el poder son concebidos independientemente de la guerra (civil), lo que en principio excluyó toda posibilidad de repensar la revolución, pero también el fascismo, el racismo y el sexismo como articulaciones bélicas.

El pensamiento crítico contemporáneo produce, paradójicamente, un apaciguamiento de la confrontación estratégica del siglo xx. Frente a la nueva configuración determinada por la victoria del capital sobre la revolución, oscila entre un "análisis del capitalismo" al que le cuesta inscribir la compenetración recíproca de lo civil y lo militar (es el caso de casi todo el "pensamiento del 68") y un análisis que, como el de Foucault, combina poder y guerra por un breve período, pero se revela incapaz de ver que la guerra no es más que un elemento de la máquina del capital. Las concepciones del poder que heredamos de estas teorías son, en gran parte, incapaces de entender la estrategia capitalista y el surgimiento de los nuevos fascismos.

Si Foucault es el que más renovó la categoría de poder, también es el que más se alejó de su funcionamiento real dentro del neoliberalismo, al ocultar, a través del concepto de gubernamentalidad, la violencia que ejerce directamente sobre las personas y las cosas. Su concepción no jurídica de un poder arraigado en la microfísica de las relaciones que constituyen la trama de la vida cotidiana tuvo una notable influencia en la elaboración teórica y política de los nuevos movimientos sociales. Los conceptos de "biopoder", de "biopolítica" y luego de "gubernamentalidad" han venido teniendo cada vez más éxito porque parecen ofrecer una alternativa al concepto y a las prácticas de "gobernanza", un mantra del neoliberalismo.

Es importante volver sobre estos conceptos porque, al expulsar la guerra y la revolución, Foucault hace de la biopolítica, a medida que avanza su investigación, un dispositivo fundamentalmente centrado en el aumento de la vida y la potencia de la población, una técnica de control que perdió todo carácter negativo (violencia, represión, guerra) para definirse como una fuerza positiva de producción de sujetos, de libertad, de seguridad. La tanatopolítica (reverso de la biopolítica y concepto nunca realmente establecido) va a ir desapareciendo de a poco, reemplazada por la "gubernamentalidad", que, al proporcionarles un marco general a las técnicas de gestión de la vida, borra de sus análisis lo que aún quedaba de la guerra.

La insistencia con que Foucault define las técnicas de poder como "productivas", que nos pone en guardia contra toda concepción del poder "represiva", destructiva y bélica, no se corresponde con la experiencia que tenemos del neoliberalismo. Porque especialmente desde finales del siglo pasado, la guerra, los fascismos, el racismo, el sexismo, el nacionalismo, las "reformas" neoliberales manifestaron la naturaleza "negativa", represiva y destructiva del poder.

Gilles Deleuze observó que las relaciones de poder en Foucault son diferentes de la mera violencia. El poder no actúa sobre la persona, sino sobre su acción, sobre sus "posibilidades", es decir, se ejerce estructurando el campo de las conductas. El poder mantiene "libre" al "sujeto" sobre el que se ejerce, capaz de reaccionar y responder a sus demandas. Por el contrario, la violencia actúa sobre las personas y las cosas anulando cualquier posibilidad. El poder no consiste en "recurrir a la violencia" o "reprimir"; es más bien incitar, suscitar, solicitar. Seguramente esto es verdad, pero solo abarca la parte de las relaciones de poder que *Nacimiento de la biopolítica* atribuye al neoliberalismo. Y este análisis no corresponde a las posiciones de las principales figuras del neoliberalismo, quienes, como hemos visto, están lejos de descuidar la necesidad de los fascismos, las dictaduras, las guerras para garantizar la libertad (la "propiedad privada").

El poder específicamente capitalista de la disciplina fabril, por ejemplo, no recae sobre "la falta, el perjuicio", dice Foucault, sino sobre "la virtualidad del comportamiento".[34] Interviene de alguna manera incluso antes de la manifestación del comportamiento. De manera similar, las técnicas

---

[34] Michel Foucault, *Le Pouvoir psychiatrique. Cours au Collège de France, 1973-1974*, París, Gallimard/Le Seuil, 2003, p. 53 [*El poder psiquiátrico. Curso en el Collège de France, 1973-1974*, trad. Horacio Pons, Buenos Aires, Fondo de Cultura Económica, 2007, p. 73].

biopolíticas actúan en el punto donde las cosas van a suceder, "en función de acontecimientos o de series de acontecimientos posibles".[35] El poder consiste en "volver probable". Esto es exactamente el discurso que sostienen hoy las grandes empresas de Silicon Valley (Google, Amazon, Facebook, etc.): a través de "datos", van a actuar sobre comportamientos posibles anticipándolos. Pero si nos atenemos a esta definición, tenemos una visión trunca del ejercicio del poder. El poder no se limita a ejercer una acción sobre otra acción, sino que también implica la posibilidad de imponer su voluntad por la fuerza, por la violencia, por una acción que, en lugar de actuar sobre otra acción, actúa directamente sobre la persona y sobre las cosas (los no humanos). Tanto en la fábrica como en las técnicas biopolíticas, los dos tipos de violencia (actuar sobre la virtualidad de los comportamientos y actuar sobre las cosas y las personas) coexisten, como lo saben quienes lo sufren (trabajadores, migrantes, mujeres, etc.). El capital no es producción sin ser al mismo tiempo destrucción, destrucción de personas, cosas y seres vivos. Si detenemos el análisis en la "acción sobre una acción", tendremos entonces una concepción "modernizadora" y limitada del poder en el capitalismo, ya que su existencia y su reproducción también implican violencia de clase, racial y sexual. Estas relaciones, que son igualmente parte de la "naturaleza" del capitalismo, no pertenecen a un pasado destinado a desaparecer con el despliegue completo de las técnicas capitalistas de poder, las cuales tienen necesidad, para poder funcionar, de la violencia sobre las cosas y las personas.

Tomemos, por ejemplo, la lectura foucaultiana de Gary Becker: sería un gran innovador, un modernizador en términos

[35] Michel Foucault, *Sécurité, territoire, population*, ob. cit., p. 22 [*Seguridad, territorio, población*, ob. cit., p. 40].

de políticas penales y penitenciarias, en perfecta armonía con la salida de nuestras sociedades de la era de las "disciplinas" y la entrada en una era de *soft power*. "La sociedad no tiene ninguna necesidad de obedecer a un sistema disciplinario exhaustivo",[36] y la política criminal debe responder a nuevas preguntas: "¿qué es lo que hay que tolerar como crimen?", "¿qué sería intolerable no tolerar?". Esta nueva problematización de la delincuencia induce una nueva metodología que los neoliberales encontraron en la economía y que Foucault resume de esta manera: "La acción penal debe ser una acción sobre el juego de las ganancias y las pérdidas posibles" que el criminal calcularía en "respuesta" a los cambios en la política penal establecidos por la gubernamentalidad.

El argumento de Becker (el criminal se comportaría de acuerdo con la lógica de maximización de "ganancias") es simplemente ridículo ante la realidad de cuarenta años de políticas *represivas* que produjeron el mayor confinamiento "disciplinario" de la historia de la humanidad. En Estados Unidos, la población carcelaria se quintuplicó desde los años setenta. Los prisioneros estadounidenses representan casi el 25% (2,2 millones de personas) de la población carcelaria mundial, mientras que el país representa menos del 5% de la población total. Estados Unidos realizó un encarcelamiento masivo que no respondía a los criterios innovadores del "capital humano", sino, más prosaicamente, a la política de "guerra racial" que se encuentra en la base de la constitución material de este país y que el neoliberalismo reactivó en el marco más general de su guerra de clases para restablecer el poder de la "economía".

---

[36] Michel Foucault, *Naissance de la biopolitique. Cours au Collège de France, 1978-1979*, París, Gallimard/Le Seuil, 2004, p. 261 [*Nacimiento de la biopolítica. Curso en el Collège de France, 1978-1979*, trad. Horacio Pons, Buenos Aires, Fondo de Cultura Económica, 2007, pp. 298, 303].

La misma crítica podría aplicarse al "capital humano", cuyo objetivo real es hacer que la fuerza de trabajo salga del asalariado para que asuma solo los riesgos y los costos involucrados en su actividad. La individualización, el empobrecimiento, la culpabilización rigen las políticas del "capital humano".

Además, la concepción "productiva" de poder de Foucault puede conducir a malentendidos políticos, por ejemplo a la ilusión de una confrontación concebida de manera unilateral, como performativo contra performativo (Butler), producción contra producción (Negri), creación versus creación (Guattari). Para salir de la dialéctica de lo negativo, abandonamos la guerra y la revolución que, en sí mismas, no tienen nada de dialéctica. Esta manera "positiva", "productiva" e incitante de pensar el poder dio lugar a una politización que se parece más a su opuesto. Lo que se dejó de lado por mucho tiempo no son tanto las modalidades negativas de poder, sino más bien, de manera sutil, cualquier problematización de la revolución. No se trata de decir que el pensamiento de la "gubernamentalidad" es compatible con la "gobernancia" del liberalismo, sino que acepta su principal convicción: la economía, las instituciones, las relaciones gobernantes-gobernados reemplazaron la guerra, y la impersonalidad de su funcionamiento, la estrategia.

En cuanto al concepto de guerra, no debe entenderse solo como una confrontación armada entre enemigos, ni solo como estrategia. También debe comprenderse como una crítica dirigida a la concepción marxiana que interpreta, de manera unilateral, el poder del capital como una superación de la dominación personal propia de las sociedades feudales. La guerra no desaparece, no puede ser absorbida por los dispositivos despersonalizantes de la economía y del derecho, porque *es la manifestación más clara del hecho de que el poder también es violencia sobre las cosas y las personas.*

Félix Guattari sirve de ilustración de este defecto mayor del pensamiento del 68 cuando extiende al capitalismo

contemporáneo el punto de vista de Marx sobre el poder
de despersonalización del capital:

> Los vínculos personológicos codificados, del tipo noble-sirvien-
> te, maestro-aprendiz, se borran en provecho de una regulación
> de las relaciones "humanas" generales, fundadas, en lo esencial,
> sobre sistemas de cuantificación abstracta referidas al trabajo,
> la "cualificación", las ganancias.[37]

Los dispositivos que despersonalizan las relaciones de poder (el dinero, el salario, etc.) no pueden funcionar sin relaciones de poder personales. El fetichismo marxiano (la inversión de las relaciones de poder entre los hombres por las
relaciones de poder entre las cosas) es una fuente de malentendidos, ya que sin los flujos de guerra, sin los flujos de violencia racista, sexista y nacionalista, los flujos abstractos e impersonales del dinero, las leyes, etc., no tendrían ninguna
posibilidad de poder funcionar.

Toni Negri y Michael Hardt, alineados con estas posiciones que después de los años setenta se volvieron dominantes,
denuncian las teorías que anuncian el advenimiento de los
"nuevos imperialismos" y los "nuevos fascismos" como una
"especie de visión apocalíptica".[38] Son teorías que velarían y
mistificarían las verdaderas formas de poder que efectivamen-
te dominan nuestras vidas, es decir, el poder inmerso en la
propiedad y el capital, el poder inmanente de la ley y sus instituciones. No sirve atribuirle al poder una forma "espectacular

---

[37] Félix Guattari, *Lignes de fuite*, La Tour d'Aigues, L'Aube, 2011, p. 54
[*Líneas de fuga. Por otros mundos posibles*, trad. Pablo Ires, Buenos Aires, Cac-
tus, 2013, p. 55].
[38] Michael Hardt y Antonio Negri, *Commonwealth*, trad. al fr. E. Boyer,
París, Stock, 2012 [*Commonwealth. El proyecto de una revolución del común*,
trad. Raúl Sánchez Cedillo, Madrid, Akal, 2011].

o demoníaca", que se ejerce, con mucho más normalidad, bajo la forma de las leyes y de la propiedad. Así se disipa la visión trágica del siglo xx: "el poder político es inmanente a las estructuras económicas y jurídicas". Las visiones apocalípticas, etiquetadas como "izquierdistas", serían incluso un obstáculo para el compromiso político contra los auténticos poderes del capitalismo, porque no podrían "transformarlo democráticamente. Hay que oponerse a él y destruirlo, nada más".

Después de desempolvar la "guerra civil mundial" luego de los acontecimientos de 2001, calificándola de "global" (pero sin convertirla en un componente constitutivo del capital, que sigue siendo para ellos fundamentalmente "producción"), Negri y Hardt abandonaron también el concepto de guerra. A principios de siglo, el capitalismo habría dudado entre el capital financiero y la guerra, pero finalmente optó por lo primero porque "una sociedad en estado de guerra" no puede durar demasiado. A mediano plazo, la guerra socava "la productividad, sobre todo en una economía donde la libertad, la comunicación y las interacciones sociales son absolutamente necesarias".

La guerra es antieconómica, afirman Negri y Hardt contra toda evidencia, mientras que el capital financiero internacional, tanto como el local, no duda en prestar su apoyo y sus hombres (los banqueros de Goldman Sachs) a las visiones "apocalípticas" de Trump, ni en legitimar y financiar a un fascista como Bolsonaro. Después de las guerras totales, la guerra se convirtió, para hablar como Marx, en una de las "principales fuerzas productivas", constitutiva de la *big science*, de la tecnología de punta y de la logística; desde principios de siglo, también fue un sector económico vital y en constante expansión.

La posición de Negri y Hardt se radicaliza aún más. El poder no solo está incrustado en la economía y el derecho; también se ejercitaría a través de automatismos (leyes, normas, protocolos tecnológicos y científicos) que vuelven objetiva, "pacífica", la subjetividad de la dominación impersonal. "Llega incluso a resultar difícil reconocer esto como violencia, porque [la dominación] está tan normalizada y porque su fuerza se aplica de modo tan impersonal".[39] El control y la explotación capitalistas no son ejercidos por un "poder soberano externo" sino por leyes "invisibles" e "interiorizadas". Supuestamente, salimos de sociedades de soberanía porque el poder es inmanente a los mecanismos disciplinarios y de control, que funcionan de manera automática e impersonal: tanto el dinero como las normas sociales, la tecnología digital como las técnicas de gubernamentalidad modelarían nuestro comportamiento y nuestras subjetividades, produciendo hábitos sin recurrir a la guerra, la coerción y la violencia.

Hoy parece difícil comprender lo que Walter Benjamin había visto entre las dos guerras mundiales. Y, sin embargo, en el acta de nacimiento del neoliberalismo, está operando una "violencia fundadora" de una nueva economía, de un nuevo derecho y de nuevas instituciones, cuyo funcionamiento estará asegurado por una violencia "conservadora" –una violencia a menudo "latente", una violencia "administrativa" aunque no menos eficaz que la primera–. El "triunfo" del capital sobre las clases subalternas no está dado de una vez y para siempre. Debe reproducirse cotidianamente. Frente a la incapacidad de las fuerzas capitalistas para salir del derrumbe financiero que ellas mismas provocaron, la "violencia conservadora" debe cruzar un umbral. Está tomando la forma de los nuevos fascismos. La conservación corre el riesgo de degenerar en autodestrucción, como sucedió durante el período de entreguerras.

Yendo más a fondo, la violencia fundadora y la violencia conservadora no se suceden; la anomia (la suspensión del derecho) y la norma (la creación de derecho) no son dos momentos sucesivos en la organización del orden político. No

---

[39] Ibíd., p. 23.

estamos viviendo un "estado de excepción permanente", sino de una manera más perversa, la imbricación, la indistinción del estado de excepción y el Estado de derecho. En Francia, después de los atentados de noviembre de 2015, el gobierno declaró un "estado de emergencia" que nunca fue revocado; por el contrario, a fines de 2017, algunas de sus disposiciones fueron incluidas en la constitución. La ley "antidisturbios" (cuarta ley de seguridad desde el arribo de Emmanuel Macron al Élysée) votada en febrero de 2019 contra la movilización de los chalecos amarillos continúa fortaleciendo esta hibridación entre Estado de derecho y estado de emergencia.

> Actualmente, el gobierno y las fuerzas policiales están empleando mecanismos idénticos para mantener el orden público, ya no contra los terroristas, sino contra aquellos que producen desorden o que aparecen como agitadores. Es fácil ver cómo la excepción, una vez que se introdujo en nuestro derecho, se extiende como una mancha de aceite para terminar convirtiéndose en la regla.[40]

En períodos de fuerte movilización política, el Estado de derecho y su poder judicial quedan despojados de sus prerrogativas, que se concentran en la policía ("A veces, también, el gobierno da la impresión de haberse convertido en rehén de su propia policía", señala François Sureau, un abogado cercano a Macron[41]) y en la administración, que, de manera arbitraria

---

[40] Patrice Spinosi, abogado del Consejo de Estado y del Tribunal de Casación, citado por Ellen Salvi, "'Cette loi «anticasseurs» ne menace pas le délinquant, elle menace le citoyen'", *Mediapart*, 3 de febrero de 2019.

[41] Añade: "Desapareció una libertad fundamental. Además, no habría ninguna razón para que este hermoso sistema no se prolongue, y sin duda que llegará el día. Las barreras se rompieron. Ahora todo es posible [...]. No sé dónde está el 'progresismo' en esta mayoría o en este gobierno, pero segura-

y sin recurrir a nadie, decide quién tiene el derecho y la libertad de manifestarse. Estas decisiones tomadas en "urgencia" nunca son revocadas.

Es necesario insistir una vez más en los fundamentos capitalistas de los poderes contemporáneos. Agamben, que trata de conjugar el estado de excepción de Schmitt con la teología política de Benjamin y la biopolítica de Foucault, pasa por alto la mayor parte de las transformaciones de poder, porque la "violencia fundadora" y la "violencia conservadora" es el hecho, ya no del Estado, sino del capital.

El pasaje de la anomia al *nomos* constituye hoy una prerrogativa del capital, en un doble sentido: sea por intermedio del Estado, cuyas dos funciones de "soberanía" y "gubernamentalidad" están a disposición del capital, sea directamente, a través de las multinacionales. En realidad, el capital está continuamente destruyendo y produciendo derecho, suspendiéndolo y activándolo, de modo que vivimos en una zona de indistinción. Y si esta indistinción es lo que define el estado de excepción, el Estado actual no es ciertamente la instancia que decide acerca de ello.

"No hay poder que se ejerza sin una serie de miras y objetivos", señala Foucault, y agrega: "la opción o decisión" no resulta de un "sujeto individual" o de un "estado mayor". Si los objetivos y las decisiones ya no pertenecen al Estado sino al capital, sus objetivos y opciones, aunque sean los de una máquina y no de un sujeto individual, se asemejan cada vez más a las resoluciones de un estado mayor. Gracias a la concentración sin

---

mente no está en el campo de las libertades públicas. Estas personas se atreven a cosas que vienen directamente del siglo XIX represivo. Es realmente sorprendente que nadie vea la contradicción política entre la lucha declarada contra el 'populismo' y este tipo de legislación" (François Sureau, "C'est le citoyen qu'on intimide, et pas le délinquant", *Le Monde*, 4 de febrero de 2019).

precedentes de producción, comercio, patrimonios y riquezas, el "comité que administra los asuntos comunes de la burguesía", del que hablaba el *Manifiesto comunista*, parece haberse instalado en el seno del capital financiero.

El Estado, como "modelo de la unidad política", como "titular del más extraordinario de todos los monopolios, es decir, del monopolio de la decisión política", está "a punto de ser destronado", escribió Schmitt en 1922. Este proceso, que comenzó con las guerras totales, llegó a su término: el monopolio de la decisión política está ahora en manos de la máquina de guerra del capital. Este hecho decisivo del siglo XX, la subordinación del Estado y de sus funciones de soberanía y gubernamentalidad al capital, no se explica ni por la biopolítica de Foucault ni por las nuevas versiones propuestas por Esposito y Agamben (la "teología económica" de los Padres de la Iglesia está muy lejos –es un eufemismo– de poder explicar la naturaleza y la acción del capital).[42]

El "eurocentrismo" del pensamiento crítico también traiciona su comprensión del funcionamiento del poder. Es difícil pensar en la "civilización europea" sin asociarla con la guerra y el derecho, sin conjugar lo *ilimitado* de la confrontación estratégica entre Estados (y las guerras civiles internas) y lo *limitado* de la regulación de esas mismas guerras por medio de

---

[42] Lo que debe interrogarse no es "la unidad inmediata de la política y la vida", sino lo que el capital querría hacer con la vida. En el capitalismo, la vida no consiste en "vida nuda" separada de su forma, sino vida sometida a las fuerzas que la constituyen. Debe estar absolutamente separada de su forma política (la revolución), bajo pena de destrucción física. Esta teoría reproduce un malentendido que también está en Foucault. El problema no es lo biológico, sino la potencia (aorgánica) de las fuerzas. En Marx, la fuerza de trabajo es una de esas fuerzas "vivientes" que no pueden ser definidas por la biología y que requieren algo más que la "teología política" para imponerles tareas y componer sus poderes.

la soberanía, el constitucionalismo y la gubernamentalidad. Esta regulación está basada en un dispositivo que casi nunca es explicitado por la filosofía política y la teoría del derecho, porque para comprenderlo hay que tener en cuenta el "mercado mundial" y la dominación global que Europa ha ejercido durante siglos. El colonialismo no solo fue una formidable máquina de explotación de una fuerza de trabajo reducida a la esclavitud. Las colonias no fueron únicamente tierras de saqueo, de acumulación de riquezas para Europa. *El colonialismo y las colonias han sido parte integral y constitutiva del orden político occidental.* La rivalidad entre los Estados europeos, que corre constantemente el riesgo de degenerar en lo ilimitado de la guerra, se estabilizó cuando la división entre guerra y ley, lo ilimitado y lo limitado, se superpuso con una división geográfica entre colonia y metrópolis. La fuerza, la guerra, la violencia ilimitada más allá de la "línea de color" en las colonias; la ley, lo limitado, la soberanía, el constitucionalismo en el "mundo civilizado", en Occidente. Dualidad que Fanon tradujo por el par "violencia colonial"/"violencia pacífica" –el oxímoron es solo aparente–, cuyos términos mantienen "una especie de correspondencia cómplice, una homogeneidad".[43] (Observemos al pasar que el concepto de poder que retoma Foucault no aborda el colonialismo como parte constitutiva del orden político, como presupuesto de la soberanía, la gubernamentalidad y el constitucionalismo, de modo que su definición de poder, si bien ilumina su dimensión microfísica, es ciega a la configuración mundial de su macrofísica).

Las dos guerras mundiales y los procesos de descolonización iniciados por la revolución soviética hicieron estallar esta estructura del orden político occidental. Las guerras totales importaron la violencia sin límites que se ejercía en la confrontación

---

[43] Frantz Fanon, *Les Damnés de la terre*, ob. cit., p. 485.

entre imperialismos en las colonias, con el fin de "repartirse" el número de esclavos (así es como Lenin definió la lucha por la hegemonía mundial entre las potencias occidentales). Al atacar precisamente la línea divisoria entre "civilización" y "barbarie", la descolonización, a su vez, dejó sin efecto el fundamento de este orden político. Durante setenta años, la revolución soviética permitió la reconstrucción de fronteras, separaciones, enemigos y luchas civilizatorias según un nuevo frente Este/Oeste, bajo el cual el orden constitucional del "mundo libre" pudo también reproducirse.

Con la caída del comunismo, la división, las fronteras, el enemigo y las luchas civilizatorias volvieron a trazarse y a definirse a lo largo de la antigua división Norte y Sur, pero en una situación geopolítica completamente nueva. Para garantizar su orden político, el Norte está tratando de restablecer la "línea de color". El nuevo fascismo está a cargo de esta misión imposible.

EL PODER CONTEMPORÁNEO

Aunque esté condenada a un fracaso seguro, la tentativa de restaurar la línea de color nos permite entender el funcionamiento del poder contemporáneo, ya que los términos que aspira a separar —orden y desorden, guerra y ley, ilimitado y limitado— se encuentran hoy indisolublemente anudados.

La naturaleza del poder contemporáneo se manifiesta inequívocamente en la gestión de los flujos migratorios, donde encontramos una nueva versión del agenciamiento de lo civil y lo militar. En las aguas del Mediterráneo, el "civil" actúa en estrecha colaboración con el "militar" y los dos colaboran en concierto con bandas armadas, ejércitos privados, criminales organizados, narcotraficantes, traficantes de seres humanos, traficantes de órganos. La logística había anticipado en gran medida esta situación, pero la imbricación con la corrupción y el crimen es específica del neoliberalismo.

Resulta significativo que las cristalizaciones políticas en Occidente se realicen sobre esta línea neocolonial y que el "enemigo" sea una mutación del sujeto colonial. La imbricación de lo civil y lo militar intenta reconstruirla, sabiendo que huye hacia todas partes, porque los movimientos de población no están determinados solo por razones contingentes (miseria, guerras, etc., alimentadas por los occidentales por razones estratégicas y económicas –saqueo de materias primas, compra de tierras, venta de armas–), sino, más profundamente, por las revoluciones anticoloniales que sedimentaron subjetividades reacias al orden neocolonial. La voluntad de autonomía e independencia de las luchas contra el imperialismo quedó encarnada en comportamientos, actitudes, formas de vida que la represión militar del Norte encontrará difíciles de detener en sus fronteras.

La frontera que atraviesa el Mediterráneo es ante todo ficticia. Las fronteras se multiplicaron y fractalizaron, y penetraron profundamente en los territorios occidentales siguiendo los movimientos migratorios que pretenden regular y obstaculizar (centros de detención). Se manifiestan a través de todas las técnicas de segregación espacial que se aplican no solo a los inmigrantes, sino también a las franjas de la población local en aumento (suburbios, guetos, favelas, etc.). La frontera oficial, impotente para detener los movimientos de las poblaciones, cumple sin embargo con una función muy precisa, en tanto constituye el lugar de subjetivación de los nuevos fascismos.

No es el biopoder tal como lo describe Foucault, ni su reverso, la tanatopolítica, término demasiado genérico y que tiene connotaciones casi metafísicas, los que realizan el control de los flujos y la jerarquización de las poblaciones, sino la guerra contra las poblaciones. Este concepto parece más apropiado porque traza una continuidad entre la eliminación física (de los migrantes), los nuevos modos de explotación de la fuerza de trabajo, las políticas segregacionistas, la privatización del estado de bienestar, etc. La tanatopolítica contiene la idea de un poder unilateral, un poder sin descanso del capital, mientras que el concepto de guerra conlleva la relación entre enemigos (potenciales o reales).

El *poder soberano* ("hacer morir y dejar vivir") y la biopolítica ("hacer vivir y dejar morir") no se sucedieron; coexisten, como constatamos hoy, donde las personas que practican el "hacer morir" (a los migrantes) son las mismas que organizan el "dejar vivir" (sería más exacto decir "dejar sobrevivir") a los nacionales. Lo civil y lo militar, la guerra y la gubernamentalidad son técnicas que funcionan en conjunto, que no pasan por la paz.

La concepción de poder de Foucault es un buen ejemplo de los límites que afectan a la totalidad del pensamiento del 68. Aunque constituye una ruptura con las teorías clásicas e incluso marxistas, comparte con ellas una visión del funcionamiento de los dispositivos de poder centrada en el Norte. En Foucault, falta la mitad del "relato" genealógico sobre los "poderes", los "sujetos" políticos y las instituciones, porque su análisis se limita a Europa. El biopoder representa un punto de vista eurocéntrico sobre los dispositivos de poder que se mundializaron a partir de 1492. Si analizamos la regulación y el control de las poblaciones desde el punto de vista de la economía-mundo, podemos decir que la guerra de conquista, la victoria "militar" contra las "poblaciones" precede y funda la regulación gubernamental de estas mismas poblaciones, incluso en Europa.

La afirmación de Foucault de que "la vieja potencia de la muerte, en la cual se simbolizaba el poder soberano, se halla ahora cuidadosamente recubierta por la administración de los cuerpos y la gestión calculadora de la vida" es manifiestamente falsa o de alcance limitado.[44] Desde el punto de vista del "mercado mundial", esta potencia de la muerte nunca ha dejado de ejercerse, incluso en Europa, donde produjo las pavorosas masacres de la primera mitad del siglo XX, y está recuperando fuerzas.

BIOPOLÍTICA Y CAPITAL: ¿QUÉ VIDA ES LA QUE ESTÁ EN JUEGO?

Entre los conceptos de pensamiento del 68, el concepto de biopolítica fue el que seguramente tuvo la herencia más fecunda. Fue el que inauguró un auténtico campo de estudios, movilizó a miles de estudiantes y se mantiene vivo en los debates (al menos académicos). Sin embargo, es problemático hasta en su etimología. Ni el racismo ni lo que Foucault llama biopolítica tienen necesariamente un fundamento biológico. La naturalización de las jerarquías fundadas en diferencias biológicas (raza, cuerpo, sexo) es contingente e histórica. Agamben y Esposito, que se jactan de haber superado los límites del análisis foucaultiano, no captan el punto de inflexión representado por las luchas de los años sesenta y setenta: la "naturalidad" de las diferencias raciales y sexuales fue derrotada por las críticas llevadas a cabo por las luchas coloniales y las luchas feministas. El biopoder no es la forma general del poder contemporáneo, no hay un "régimen biopolítico" en el centro de la política contemporánea (Esposito).

"El gran trastocamiento de lo histórico a lo biológico [...] en el pensamiento de la guerra social", por medio del cual Foucault caracteriza al nazismo, es en sí mismo histórico y

---

[44] Michel Foucault, *Historia de la sexualidad 1. La voluntad de saber*, trad. Ulises Guiñazú, Buenos Aires, Siglo XXI, 2007, p. 169. [N. del T.]

contingente.[45] Y a su turno, va a ser trastocado por las luchas de la segunda mitad del siglo XX y, como explicó Donatella di Cesare, el carácter "biológico" del racismo nazi debe ser relativizado.[46] En el capitalismo contemporáneo, el racismo y el biopoder ya no tienen necesariamente un fundamento biológico y, sin embargo, continúan produciendo "efectos de poder". Hoy en día, la raza no existe biológicamente ni genéticamente, sino que persiste como una técnica de división, segregación e inferiorización. El "racismo sin raza" continúa produciendo efectos políticos, bélicos y militares. De la misma manera, el cuerpo, el sexo, la reproducción de la vida fueron devueltos a su realidad de construcciones políticas e históricas por los movimientos feministas, que se apropiaron de las diferencias "biológicas" transformándolas sistemáticamente en cuestiones políticas. Los movimientos feministas politizan constantemente lo que el poder naturaliza, no solo problematizando el género, las funciones y los roles femeninos, sino también el sexo, el último baluarte de lo heterosexual en lo biológico.

Como hemos visto, los militares, en sus análisis estratégicos de la era posterior a la Guerra Fría, también están some-

---

[45] Michel Foucault, "Il faut défendre la societé". *Cours au Collège de France (1975-1976)*, París, Gallimard/Le Seuil, 1996, p. 194 [*Defender la sociedad. Curso en el Collège de France (1975-1976)*, trad. Horacio Pons, Buenos Aires, Fondo de Cultura Económica, 2001, p, 198].

[46] "Sería [...] reductor considerar el antisemitismo nazi como simplemente 'biológico'. Bajo el manto de la ciencia, o de la seudociencia, antiguos prejuicios teológicos salieron a la superficie [...]. El antisemitismo de Hitler es una unión política y teológica entre racismo y apocalipsis" (Donatella di Cesare, *Heidegger, les Juifs, la Shoah*, ob. cit., p. 148). Y agrega: "Contrariamente a lo que suele creerse, las leyes de Núremberg no están fundadas en criterios 'científicos', es solo para fines de propaganda que se han descripto como 'leyes raciales', porque las invenciones racistas nunca han encontrado una verificación empírica, lo que ha hecho necesario el recurso a la teología" (p. 160).

tiendo la regulación biopolítica de las poblaciones a una torsión, sacándola de su fundamento "biológico". Afirman que los conflictos futuros estarán dominados por la "guerra en el seno de las poblaciones" –poblaciones que se han "convertido en actores y objetivos"–. "El objetivo es mucho menos el Estado que la población", y ganar la guerra "es controlar el medio" donde viven las personas. La población, objeto de la biopolítica, no es aprehendida bajo el punto de vista "biológico" ni "racial", sino en su dimensión política, social e histórica. La biopolítica propiamente dicha está subordinada a la guerra, y la guerra civil es su verdad. El enemigo vuelve a ser lo que siempre ha sido: un enemigo político, incluso cuando expresó su hostilidad en términos "raciales".

Lo primero que la gubernamentalidad tiene que administrar es el conflicto en general y, en particular, la perspectiva de la revolución, cuya naturaleza no es biológica. De la misma manera, la vida que está en cuestión en la biopolítica contemporánea es la del capital. Al contrastar la "economía política del poder" con la "crítica de la economía política" de Marx, Foucault oscureció la comprensión de las transformaciones del ejercicio del poder que se produjeron a partir de la primera mitad del siglo xx, cuando estas dos economías se integraron profundamente bajo la hegemonía del capital. La primacía de la "economía política del poder" sobre la "crítica de la economía política" es un obvio error en la interpretación del capitalismo posterior a 1968, compartida por todos los filósofos de su generación (Lyotard, Deleuze, Derrida, Guattari, etc.) y que reaparece, reproducido de forma idéntica, en el pensamiento crítico, especialmente en ciertas corrientes del feminismo. Por ejemplo, el debate entre Nancy Fraser y Judith Butler, cuyos términos han sido torpemente traducidos por la oposición entre "política social" (economía política) y "política de la identidad" (economía política del poder), es tributario de esta funesta oposición.

En la época (1979) en la que Foucault afirma que el problema de la acumulación del capital que produce simultáneamente riqueza y pobreza es, aunque persiste, un problema del siglo XIX: la máquina del capital muestra su deseo de poner en el centro de su estrategia *precisamente* el crecimiento "sin límites" de la creación simultánea de riqueza y pobreza. La polarización de patrimonios e ingresos alcanza niveles que van rápidamente a igualar y a exceder los diferenciales de riqueza producidos por el capitalismo en el siglo XIX para alcanzar (en Estados Unidos) cifras previas a la Revolución francesa, al tiempo que lleva la explotación de lo "viviente" no humano a su punto de ruptura (crisis ecológica).

Pero para Foucault, la urgencia es otra. La prioridad de la acción política debe orientarse a las modalidades del sujetamiento. Las luchas y las resistencias, dijo a fines de la década de 1970, deben tener como objetivo los "efectos del poder" sobre el cuerpo, la subjetividad, más que algo como la explotación y la desigualdad económica. Lo que debe combatirse políticamente "es el hecho de que cierto poder se ejerza y que el solo hecho de su ejercicio resulte insoportable".[47] A lo largo de esta década, Foucault está obsesionado con la cuestión del "demasiado poder", del "exceso de poder", que va a servir para analizar el desarrollo de ciertos modos de funcionamiento del capitalismo que el marxismo había descuidado (prisiones, escuelas, hospitales, etc.) y nuevas modalidades de fascismo, racismo y sexismo, pero que resulta ser un punto muerto cuando la crítica de estas "excrecencias del poder" no está

---

[47] Michel Foucault, "La philosophie analytique et la politique" (1978), *Dits et Écrits*, t. II, ob. cit, p. 545 ["La filosofía analítica de la política", en *Estética, ética y hermenéutica. Obras esenciales*, vol. III, trad. Ángel Gabilondo, Buenos Aires, Paidós, 1999, p. 122].

estrictamente ligada con la estrategia de guerra del capitalismo que produce a la vez riqueza y pobreza.

Al pasar de una crítica del poder centrada en lo jurídico a una crítica nietzscheana del poder, basada en las "fuerzas", Foucault continúa otorgando un papel estratégico al Estado. La biopolítica solo puede concebirse como una "biorregulación por el Estado"[48] porque, a diferencia de las disciplinas, requiere "órganos complejos de coordinación y centralización" que solo la administración estatal puede garantizar. Pero el Estado, precisamente a partir de la organización de la biopolítica, comienza una transformación que gradualmente lo vaciará de su "autonomía" y que hará de él, con el neoliberalismo, una simple función del capital. Esto es lo que Foucault no ve: la discontinuidad que implican para el Estado, por un lado, las rupturas revolucionarias y, por el otro, los saltos impuestos por el capital.

Durante mucho tiempo, incluso en Europa, no hubo absolutamente ninguna preocupación por la "vida" o la muerte de los "proletarios", como reconoce el propio Foucault: "Las condiciones de vida del proletariado, sobre todo en la primera mitad del siglo XIX, muestran que se estaba lejos de tomar en cuenta su cuerpo y su sexo". El peligro representado por la revolución a lo largo de los siglos XIX y XX fue lo que obligó al capital a una estrategia de integración, que sigue siendo una técnica de división: división, primero, entre metrópolis y colonia (que los colonizados vivieran o murieran continúa sin tener ninguna importancia), luego, división dentro del proletariado en las metrópolis. Para que la vida y la muerte de "aquella gente" se convirtieran en un problema, "se necesitaron conflictos […]; fueron necesarias urgencias económicas",

---

[48] Michel Foucault, *"Il faut défendre la societé"*, ob. cit., p. 187 [*Defender la sociedad*, ob. cit., p. 226].

comenta Foucault.[49] Para tratar de entender la estrategia de la biopolítica, es necesario poner en el centro de la problematización la "vida" política o, más precisamente, la posibilidad y la realidad de la "revolución" que acosó al planeta desde hace dos siglos y que constituye la verdadera razón de la guerra y de la generalización del estado de bienestar.

Pero hoy en día, los dispositivos "biopolíticos" ya no parecen responder a la función foucaultiana de elevar la vida de las poblaciones. La vida que está en juego no es en principio esa, la vida biológica de la población, sino la vida política de la máquina capitalista y de las elites que producen a través de ella la subjetivación. Su salvaguarda implica necesariamente poner en peligro la vida de las poblaciones. Sin el más mínimo escrúpulo, el capital está dispuesto a sacrificarle a esta vida y a su reproducción la salud, la educación, la reproducción, la vivienda de amplias capas de la población, es decir, la vida de los proletarios, como lo ha hecho siempre, como continúa haciéndolo al reducirla —porque la relación de fuerzas se lo permite— a un mínimo (los servicios mínimos de los neoliberales significan precisamente eso). Al mismo tiempo, la reorganización neoliberal del estado de bienestar funciona al revés, transformando a este en un dispositivo de asistencia para las empresas y los ricos que aumenta las desigualdades en lugar de reducirlas. Macron definió perfectamente esta lógica: hay que "ayudar a los ricos" (para que produzcan riqueza que "derrame" hacia abajo) y "responsabilizar a los pobres" (culpabilizarlos mientras se los empobrece).

De la misma manera, al capital no le importa la destrucción generalizada de las posibilidades de vida del planeta, que

[49] Michel Foucault, *Histoire de la sexualité*, t. i: *La Volonté de savoir*, París, Gallimard, 1976, p. 167 [*Historia de la sexualidad 1. La voluntad de saber*, ob. cit., p. 153].

son, precisamente, las condiciones de su acumulación. El capitalismo, en doscientos años, ha logrado destruir lo que "la naturaleza" había tardado milenios en producir. Objetar que de esta manera se pone en peligro a sí mismo, que tiene necesidad de un planeta y de una fuerza de trabajo, es no entender su "racionalidad". Pierre Dardot y Christian Laval publicaron un libro inspirado en Foucault, *La Nouvelle raison du monde*, que ofrece una imagen muy edulcorada del neoliberalismo (sin las guerras civiles sudamericanas) y que lo analiza de acuerdo con su "racionalidad", aunque "el dinero, el capital-dinero, es un umbral para el cual no habría en psiquiatría más que un equivalente: lo que se llama 'estado terminal' [...]. En el capitalismo, todo es racional salvo el capital. Un mecanismo bursátil es perfectamente racional, se puede comprender, se puede aprender, los capitalistas saben cómo aprovecharse de él y, sin embargo, es completamente delirante, demencial".[50]

El fascismo y la guerra son siempre posibles porque esta racionalidad tiende constantemente a lo ilimitado, a la explotación sin límites de la totalidad de los recursos, humanos y no humanos. Si es verdad, como pensaba Marx, que el capital desplaza constantemente los límites que él mismo creó, el siglo XX nos ha enseñado que este desplazamiento no puede hacerse sin guerras y sin violencia fascista. Keynes, conocedor de sus semejantes, no se hacía ilusiones acerca de la violencia de la respuesta capitalista ("capaz de extinguir el sol y las estrellas") a todo aquello que representa una amenaza para el beneficio y la propiedad. Y la amenaza proviene igualmente de la irracionalidad del capital, porque, siempre según Keynes, "la regla autodestructiva del cálculo financiero rige todos los aspectos de la existencia".

---

[50] Gilles Deleuze, *L'Île déserte et autres textes*, París, Minuit, 2002, p. 366.

La desaparición del pensamiento estratégico

Antes del ser, está la política.

Gilles Deleuze y Félix Guattari

Sin la guerra y sin la revolución, los movimientos políticos perdieron todo saber estratégico y toda sensibilidad para el análisis de las contingencias políticas, las rupturas, los eventuales puntos de inflexión y los cambios de ciclo políticos. Lo más sorprendente es que la filosofía del acontecimiento es la más original del pensamiento del 68. Pero la impresión que uno tiene es que fue aplicada a todo, salvo al conflicto político con el capital.

Incluso si el marco político, la naturaleza del capitalismo y los sujetos políticos cambiaron radicalmente, recuperar un punto de vista estratégico podría darles fuerza a los movimientos contemporáneos, que parecen guiados al mismo tiempo por una temporalidad del aquí y el ahora (la negativa a referir los cambios a un futuro prometido) y por una temporalidad larga (construcción de formas de vida autónomas e independientes), por afuera de toda temporalidad estratégica.

Walter Benjamin nos advierte acerca de los riesgos de abandonar el saber estratégico al brindar una definición de política que integra las rupturas del continuum de la historia, es decir, una sensibilidad al *kairos* político, a un arte de la contingencia de la revolución: "La historia nada sabe de la mala infinitud contenida en la imagen de esos dos luchadores eternamente en pugna. La verdadera política se calcula a corto plazo".[51]

---

[51] Walter Benjamin, *Rue à sans unique*, París, Allia, 2015, p. 74 [*Dirección única*, trad. Juan del Solar y Mercedes Allendesalazar, Madrid, Alfaguara, 1987, p. 64].

El pensamiento crítico no es muy sensible al *kairos*; le cuesta comprender la contingencia de las situaciones políticas. Los cambios bruscos de la historia se le escapan. Dardot y Laval, completamente fuera de *timing*, propusieron una reconstrucción de la gubernamentalidad foucaultiana y de los sometimientos que la acompañan en el momento preciso en que ambos dejaron de funcionar. Problematizar la guerra (y la revolución) implica asumir un punto de vista irreductible a la sociología, la filosofía, la economía, la teoría política. Este gesto fue hecho en la primera mitad de la década de 1970 por Foucault, quien introdujo, sin gran éxito (el "sin gran éxito" corresponde al propio Foucault), la "estrategia": "lo que hace descifrables los acontecimientos históricos de la humanidad o las acciones humanas es un punto de vista estratégico".[52] El concepto y la práctica se toman directamente prestados del saber de los militares. La estrategia puede esclarecer "el antagonismo existente cuando se presenta una situación en la que los adversarios se enfrentan, una situación en la que uno gana y otro pierde", situación que corresponde perfectamente a nuestra realidad, donde los que ganaron y los que perdieron viven en mundos paralelos y se alejan a la velocidad de la "reformas" implementadas. Pero esta declaración sigue siendo genérica si no agregamos que, desde 1789, el contenido de la estrategia es la revolución y contrarrevolución: esta es la idea que subyace a la cita de Benjamin mencionada anteriormente.

El pensamiento estratégico reconfigura el ejercicio del poder especificando lo que acabamos de esbozar. Una parte

---

[52] Michel Foucault, "Méthodologie pour la connaissance du monde: comment se débarrasser du marxisme" (1978), *Dits et Écrits*, ob. cit., p. 605 ["Metodología para el conocimiento del mundo: cómo deshacerse del marxismo", en *El poder, una bestia magnífica. Sobre el poder, la prisión y la vida*, trad. Horacio Pons, Buenos Aires, Siglo XXI, 2012, p. 98].

importante de los movimientos feministas parece descuidar la guerra y la estrategia, integrando y llevando hasta el extremo la crítica del poder como *represión* y afirmando, por el contrario, su acción productiva. Judith Butler, por ejemplo, afirma la naturaleza no esencialista de la sexualidad, *producida* por el discurso más que *reprimida*: "la sexualidad está saturada de poder" o es "coextensiva del poder", construida por el poder en forma incesante. Así es como ella interpreta al Foucault del primer volumen de *Historia de la sexualidad*. Pero este libro permite otra lectura: gracias a la "guerra", a la que utiliza exhaustivamente y *por última vez*, Foucault desarrolla un punto de vista estratégico que, lejos de eliminar lo "productivo" y lo "represivo", los *subordina a la estrategia*.

El poder se define por una multiplicidad de relaciones de fuerza y de estrategias que son a la vez "locales e inestables", que se producen a cada instante y que vienen de todas partes.

[L]as relaciones de fuerza múltiples que se forman y actúan en los aparatos de producción, las familias, los grupos restringidos y las instituciones, sirven de soporte a amplios efectos de escisión que recorren el conjunto del cuerpo social.[53]

El poder, como la dominación sexual, no es una cosa, una institución, una "ley", una estructura, sino "el nombre que se presta a una situación estratégica".[54] No produce estrictamente hablando estas relaciones entre fuerzas, sino que se limita a "codificarlas" e "integrarlas". Al codificarlas e integrarlas, encierra las relaciones estratégicas dentro de instituciones, normas, dispositivos, aunque nunca en su totalidad y solo por

---

[53] Michel Foucault, *Histoire de la sexualité*, t. I, ob. cit., p. 124 [*Historia de la sexualidad 1. La voluntad de saber*, ob. cit., p. 115].

[54] Ibíd., p. 123 [113].

un tiempo. El "nunca en su totalidad" significa que la sexualidad, como otras codificaciones (económicas, políticas, etc.), no está nunca "saturada de poder", nunca es "coextensiva del poder".

Por el contrario, "las relaciones de poder [...] son 'matrices de transformaciones'",[55] de modo que una situación es siempre modificable, debido a que los puntos de resistencia también forman parte de las *relaciones* de fuerza ("estos desempeñan en las relaciones de poder, el papel de adversario, de blanco, de apoyo, de saliente para una aprehensión"). Estas "matrices de transformaciones" se activan a condición de producir una ruptura política y de emprender el camino de la lucha y la estrategia.[56] Lo que plantea un problema es la modalidad *bélica* de estas relaciones y sus estrategias, que el propio Foucault más adelante rechazó.

"Esa multiplicidad de las relaciones de fuerza puede ser cifrada ya sea en forma de 'guerra', ya en forma de 'política'; constituirían dos estrategias diferentes (pero prontas a caer la una en la otra) para integrar las relaciones de fuerzas desequilibradas, heterogéneas, inestables, tensas".[57] La política (el derecho, el Estado, el sistema político) no es un sustituto de la guerra; la política y la guerra son, por el contrario, estrategias

[55] Ibíd., p. 131 [121].

[56] Los conceptos de "trabajo", "producción" y "clase" se beneficiarían enormemente si fueran pensados a partir de relaciones estratégicas. El sesgo que tomó el poslaborismo de ontologizar el trabajo y a los trabajadores implica la atribución de una primacía a la actividad de los trabajadores (cognitivos) que no se encuentran en ninguna parte. La iniciativa política no se limita a una ontología de la productividad del ser, sino a la capacidad de afirmar mediante una negación, mediante una ruptura, su propia fuerza política. La ontología del trabajo hace ver el mundo al revés: la multitud dicta los tiempos de la agenda política y el capital va penosamente detrás capturando su productividad.

[57] Michel Foucault, *Histoire de la sexualité*, t. i, ob. cit., p. 123 [*Historia de la sexualidad 1. La voluntad de saber*, ob. cit., p. 114].

siempre "prontas a caer la una en la otra", pero *bajo la hege-monía de la máquina del capital.* Si ambas estrategias están a disposición del poder (de la máquina del capital), pueden igualmente ser movilizadas por la revolución. Parecen más adecuadas para la actividad política que la mera acción per-formativa o discursiva, que seguramente puede ser parte de una estrategia política, pero con la condición de que no que-de reducida a la performance y al discurso. Teresa de Lauretis, en un artículo en el que analiza, entre otras cosas, el uso de la concepción de la productividad del poder por parte de la teo-ría queer, advierte contra un doble peligro: primero, no debe hablarse del poder en general porque el capital "se arregló (se 'lookeó') y va regularmente al gimnasio"; en segundo lugar y en consecuencia, en la acción política, no se puede prescindir de la dominación del capital, que "siempre es mortífera. A pesar de Foucault".[58]

No existe, según Foucault, "*un* lugar del gran Rechazo, alma de la revuelta, foco de todas las rebeliones, ley pura del revolucionario". Esto se sabe desde los años setenta. Pero tam-bién quedó establecido que la multiplicidad de relaciones de fuerza, incluidas las inherentes a la sexualidad, solo puede ex-presarse, problematizarse y subjetivarse de manera radical du-rante las rupturas revolucionarias. Es precisamente aquí don-de logramos deshacernos de la posición de "gobernados" para reconectarnos con la confrontación, la estrategia y la apertura de posibilidades. Es lo que el ala radical del movimiento gay descubrió en Italia durante las maravillosas rupturas políticas

[58] Teresa de Lauretis, "La gaia scienza, ovvero la traviata Norma", en Ma-rio Mieli, *Elementi di critica omosessuale*, Milán, Feltrinelli, 2017, p. 266 [*Ele-mentos de crítica homosexual*, trad. Joaquín Jordá, Barcelona, Anagrama, 2006].

de los maravillosos años setenta, la lucha como "guerra"[59] que definió claramente a su enemigo: "la norma heterosexual capitalista". La lucha no se limita a una política de "reconocimiento" de la diversidad de todos los sujetos humanos (Butler), sino que va a la raíz de las cosas. Según una lógica que remite a la tradición revolucionaria, la norma heterosexual capitalista solo puede ser destruida: uno no puede liberarse, y liberar incluso al patrón de su alienación, más que destruyendo la *relación de fuerza de la cual tanto el patrón como el obrero son la expresión.*

Esta concepción de la relación social como guerra nos va a servir, más allá de Foucault, para volver descifrables, hoy como ayer, los acontecimientos históricos del capitalismo contemporáneo, porque la mejor manera de describir nuestra situación es la siguiente: "triunfo" de las fuerzas capitalistas, derrota de la crítica y de las prácticas anticapitalistas.

La estrategia permite ver bajo una nueva luz el funcionamiento de la "máquina social" del capital. Definirla por la producción ("modo de producción"), por la mercadería (inmensa acumulación de mercaderías, incluso las devenidas "imágenes", como en los situacionistas) o por la "estructura", el "sistema" o, incluso, definirla exclusivamente como una "relación social" es eliminar uno de sus elementos constitutivos:

---

[59] A propósito de Mario Mieli, autor del ensayo teórico más importante sobre el movimiento de liberación homosexual en Italia, Claude Rabant escribe: "Como Mieli repite varias veces, es una guerra. El conflicto no es solo intradiscursivo, destinado a legitimar una experiencia, sino que es real y extradiscursivo, es decir, cuerpo a cuerpo […]. La crítica es una conquista de territorio, una nueva apropiación de un territorio equivalente a una apropiación de sí mismo. Se trata de una guerra que ataca inevitablemente el territorio del otro, el dominante, que lo pone en dificultades, no solo localmente, sino globalmente" (Claude Rabant, "Un clamore sospeso tra la vita e la morte", en Mario Mieli, *Elementi di critica omosessuale*, ob. cit., p. 292).

las guerras de clases y sus articulaciones (guerra de raza y sexo) que la recorren y la hacen existir desde la conquista de las Américas.

La concepción del capital que sostengo, como articulación de máquinas y estrategias de una serie de mecanismos (económicos, tecnológicos, institucionales, etc.) y de una estrategia política que los actualiza, que los subjetiva en una lucha entre adversarios políticos, se opone polémicamente a la cuasi totalidad de las lecturas contemporáneas del capitalismo.

Las diferentes teorías del pensamiento del 68 les han concedido primacía a fenómenos completamente contingentes: en el principio, las líneas de fuga; en el principio, la clase trabajadora; en el principio, la resistencia –estas ontologías describían la situación inaugurada por el período de revoluciones proletarias, en las que la minoría constituida por los obreros devenía fuerza política, inventaba y organizaba un dualismo de clase, frustraba y con frecuencia se anticipaba a los movimientos del capital–. Este período terminó inmediatamente después del 68. Con el agotamiento de la revolución y el establecimiento del neoliberalismo, la autonomía y la independencia de los movimientos políticos desaparecieron a la velocidad de la luz. Privadas de la posibilidad de imponer su propia estrategia, la teoría de las líneas de fuga, de la clase, de la resistencia sin "revolución", se volvieron impotentes.

Las decisiones y las estrategias de las que estamos hablando no son las de un soberano, sino que corresponden a una multiplicidad de fuerzas (capitalistas, administradores, militares, políticos, medios de comunicación, científicos, etc.) que van elaborándose colectivamente, en situaciones contingentes, a medida que la confrontación va desplegándose a través de triunfos y fracasos parciales y locales. El capitalismo no tenía a su disposición una estrategia que se limitaba a aplicar. Lo que puso de relieve, el hilo conductor de su política, fue más bien un punto de vista de clase, un odio de clase, una sed de ganancias y de venganza respecto de la revolución que le llevó años configurar e imponer.

Por lo tanto, la derrota política fue también una derrota teórica. Resulta difícil arribar a esta conclusión: nos gusta establecer una continuidad teórica con el pensamiento del 68 sin cuestionar sus puntos ciegos y fracasos políticos. Así, en el resto de este libro, será necesario analizar con mirada crítica no solo el capital, las luchas anticapitalistas y sus respectivas estrategias, sino también las teorías y sus estrategias.

No se trata de revisar una de las conquistas del pensamiento del 68, la articulación de la micropolítica y la macropolítica, sino de afirmar que la situación cambió radicalmente. La acción bélica y represiva del capital se ha venido manifestando claramente desde 2008 y el estancamiento de la economía "real" (mientras la economía financiera siguió proliferando), un estancamiento que no puede ser superado por una simple "destrucción creativa" al estilo Schumpeter, requiere más bien que la imbricación de la política y la economía vire hacia la "guerra" (por el momento, se trata de posibilidades de guerra civil, de guerras en germen). Lo que está en juego detrás del surgimiento de los nuevos fascismos es este viraje.

Este cambio de estrategia no es evidente, implica vacilaciones, una batalla en el seno de las elites, pero, por el momento, si la máquina de guerra del capital quiere mantener el curso de la profundización del neoliberalismo y de la secesión política, no tiene otra opción. La codificación y la captura de la participación del capital son siempre temporales y parciales porque dependen de estrategias. La situación siempre puede revertirse, a condición de pensar precisamente las relaciones de poder desde el punto de vista estratégico.

Al no haber sabido anticipar la evolución del capital y estas "excrecencias del poder" que son los neofascismos, el pensamiento crítico, al igual que los movimientos anticapitalistas, no está lo suficientemente preparado para este giro político.

Los límites de las teorías políticas pos-68 no solo conciernen a la definición y la naturaleza del capitalismo, sino, ante todo, a la "máquina de guerra" que desearía oponerle. El verdadero fracaso político y teórico radica en la incapacidad de ir más allá de la experiencia del leninismo, ya que las críticas, ampliamente justificadas al respecto, nunca dieron lugar a una organización capaz de coordinar la defensa y el ataque que pueda compararse, siquiera un poco, con la máquina de guerra construida por Lenin.

2. Máquina técnica y máquina de guerra

> El hecho es que siempre nos dejamos engañar por las posibilidades [...] Nadie se preocupa por los resultados. Se ciñen simplemente a las posibilidades. Los resultados efectivos de la radio son lamentables, pero sus posibilidades son "infinitas": la radio es entonces algo bueno. Eso no está bien.
>
> Bertolt Brecht

En la década de 1920, el socialdemócrata Karl Kautsky estaba convencido de la naturaleza premoderna del fascismo: como el fascismo había nacido en una Italia que en su mayor parte seguía siendo agrícola, no podía establecerse en una nación industrial y moderna como Alemania. El fascismo histórico era un vestigio del pasado, un arcaísmo que, una vez que el paréntesis de la dictadura se cerrara, el progreso de las fuerzas productivas borraría para siempre. Nada pudo ser más falso: el fascismo histórico era tan moderno como el capitalismo, incluso era una de sus expresiones, como podía verse fácilmente en el futurismo italiano.

Lo mismo puede decirse del nuevo fascismo, que es un *ciberfascismo*. Derrota de todas las utopías, desde el ciberpunk hasta el ciberfeminismo, desde la ciberesfera hasta la cibercultura, que, desde la posguerra y con mayor intensidad a partir de los años setenta, ven en las máquinas cibernéticas la promesa de una nueva subjetividad poshumana y de una liberación de la dominación capitalista. Bolsonaro y Trump utilizaron todas las tecnologías disponibles de comunicación digital, pero su victoria no proviene de la tecnología: es el resultado de una máquina política y de una estrategia que agencia una micropolítica de pasiones tristes (frustración, odio, envidia, angustia, miedo) con la macropolítica de un nuevo fascismo que le da consistencia política a las subjetividades devastadas por la financiarización.

Para ponerlo en los términos que usaremos en este capítulo: en todas sus formas, la máquina técnica está sujeta a la estrategia implementada por la máquina social neofascista que, bajo las condiciones del capitalismo, solo puede ser una máquina de guerra. Esta observación banal se choca con una concepción según la cual la tecnología, como cualquier otro dispositivo jurídico o económico, pacificaría y despersonalizaría las relaciones de poder para integrarlas. El poder del dispositivo técnico, que se ejerce por automatismos impersonales, quedaría normalizado hasta el punto de que sería difícil "detectar allí una violencia", para retomar las palabras de Negri y Hardt.

Estas afirmaciones, tan antiguas como el liberalismo, parecen encontrar una nueva confirmación en la cibernética y las nuevas tecnologías que, como el "mercado", poseerían una capacidad de autorregulación y autocorrección. Así, el funcionamiento automático e impersonal de las normas sociales se vería reforzado por el automatismo y el funcionamiento impersonal de la técnica. "Nada, absolutamente nada, puede resistir la automatización", sostiene incluso Catherine Malabou. Citando a Pierre Bourdieu, agrega que "el Estado no tiene necesariamente que dar órdenes y ejercer *coerción física* o *coacciones disciplinarias* para producir un mundo social ordenado". Basta con que tenga "cuerpos habituados" por los automatismos.[60]

---

[60] Catherine Malabou, *Métamorphoses de l'intelligence. Que faire de leur cerveau bleu?*, París, PUF, 2017, p. 124.

Esta concepción despolitizada de los dispositivos que se automatizan y adquieren vida propia (impersonal) tiene sus raíces en el marxismo (fetichismo de la mercancía) tanto como en el liberalismo (la mano invisible del mercado). En el siglo xx, la filosofía alemana radicaliza aún más el poder que los dispositivos tienen sobre los hombres que los crearon, identificándolos con la técnica, cuyo desarrollo experimentó un progreso sin precedentes. Martin Heidegger es la última figura de la metafísica, mientras que Günther Anders, si bien ofrece una lectura más política, hace desaparecer el capital en el funcionamiento "autónomo" de las máquinas.

De esta manera, se establece una alternativa entre quienes atribuyen a la máquina técnica un poder de destrucción y sometimiento que es en realidad propio de la máquina capitalista y aquellos para quienes el poder ejercido por la máquina es comparable al descripto por Foucault (la máquina incita, solicita, anima, vuelve posibles ciertas acciones e imposibles otras; la acción sobre otra acción es su modo de operar, que reemplaza la "coerción física" o "coacción disciplinaria"). Lo que se borra, en todos los casos, es la relación entre estrategia, máquina social y máquina técnica.

Vamos a problematizar precisamente lo que estas teorías reprimen: la despersonalización de las relaciones de poder que asegura la técnica (automatización) exalta el punto de vista partidista, favorece la elección estratégica y centraliza la decisión en lugar de hacerla desaparecer en el anonimato de un funcionamiento (sistema, estructura, etc.). De modo que es la máquina de guerra la que prima por sobre la máquina técnica. En este sentido, la técnica es una de las principales cuestiones de la guerra en el seno de la población.

El advenimiento de los nuevos fascismos aporta una confirmación suplementaria del hecho de que en el capitalismo, el orden político, asegurado por dispositivos económicos, jurídicos y tecnológicos, se rompe permanentemente no por innovaciones técnicas, sino por revoluciones y contrarrevoluciones. Estas máquinas de guerra son las que producen dichas rupturas, orientando, actualizando y dándoles consistencia a los "dispositivos" (incluidos los tecnológicos), y no a la inversa.

La ruptura que constituyen los nuevos fascismos no proviene del exterior del capitalismo, en ocasión de las crisis; en verdad, el fascismo está profundamente arraigado en la organización del trabajo ("abstracto" e indiferente a cualquier valor de uso, el "trabajo" puede funcionar de la misma manera en la producción de automóviles como en la de exterminios masivos) y del consumo (abstracto e "indiferente" a cualquier modo de producción, incluido el trabajo infantil o el trabajo servil de millones de trabajadores en el "Gran Sur" del mundo). Como se olvida de estas verdades, el pensamiento crítico tiene dificultades para captar los contornos de estos nuevos fascismos, definidos a menudo como populismos y autoritarismos.

Máquina social o máquina de guerra

Según las teorías cibernéticas, el capitalismo cognitivo o el aceleracionismo, la sociedad contemporánea, en comparación con las que la precedieron, tendría la particularidad de estar repleta, formateada, gobernada por máquinas. Pero ya en su época, Lewis Mumford había desplazado los términos del debate, afirmando que cualquier sociedad era en sí misma una máquina o, mejor aún, una "megamáquina", idea en la que se inspiraron Deleuze y Guattari para elaborar su concepto de "máquina social". En *El mito de la máquina*,[61] muestra que la sociedad, en

---

[61] Lewis Mumford, *Le Mythe de la machine*, 2 vol. (1967 y 1970), París, Fayard, 1974 [*El mito de la máquina*, vol. 1: *Técnica y evolución humana*, trad. Arcadio Rigodón, Logroño, Pepitas de Calabaza, 2010].

tanto megamáquina, engendra, organiza y conecta en un mismo movimiento hombres y máquinas técnicas. Por ejemplo, la megamáquina arcaica del Egipto de los faraones se compone, por un lado, de una multitud de partes humanas, los esclavos –partes "especializadas o intercambiables", "rigurosamente reunidas en un conjunto y coordinadas en un proceso centralmente organizado y dirigido"[62]–, y, por otro lado, de máquinas técnicas muy simples –el plano inclinado y la palanca (la rueda, la polea, el tornillo aún no se habían inventado)–. A medida que evoluciona, esta megamáquina reemplaza a los "humanos" por máquinas técnicas. Pero estas últimas nunca podrán reemplazar a la megamáquina, nunca podrán autonomizarse y dominar a la máquina social.

La megamáquina se distingue de la máquina técnica por numerosos elementos: materiales, semióticos, imaginarios, cósmicos, subjetivos. Está constituida por humanos, cuya "mecanización" ha precedido largamente la de sus herramientas de trabajo; "máquinas simples de mecánica clásica"; por signos (el "método de traducir la palabra hablada al registro gráfico no solo posibilitó la transmisión de impulsos y órdenes a todas las instancias del sistema, sino que también obligó a establecer las responsabilidades cuando no se cumplían las órdenes"[63]). La megamáquina necesita todavía de muchos más elementos para poder generar y hacer funcionar el agenciamiento hombres/máquinas: el mito de la monarquía por derecho divino, el culto al sol y los "misterios cósmicos", que solo pueden garantizar la transformación de los "hombres en objetos mecánicos y [...] disponerlos en una máquina".[64] El funcionamiento de la megamáquina requiere también de un

---

[62] Ibíd., t. I, p. 262 [324].
[63] Ibíd., p. 256 [317].
[64] Ibíd., p. 264 [327].

grado de sometimiento asegurado por "técnicas" que deben, por un lado, entrenar a los esclavos para el sometimiento y, por otro, a los sacerdotes y a la burocracia para dar órdenes. Los "trabajadores que realizaban tales tareas tenían mentes de un nuevo tipo: ejecutaban cada trabajo con el más estricto cumplimiento de las instrucciones recibidas, eran infinitamente pacientes y limitaban sus reacciones a responder a la voz de mando".[65] En cuanto a las subjetividades de la "casta sacerdotal y la burocracia", garantizan, respectivamente, "una organización fiable del conocimiento, natural y sobrenatural" y "una intrincada estructura para dar órdenes, ejecutarlas y asegurar su total cumplimiento".[66] La enorme productividad de esta máquina que cuenta con tecnologías tan rudimentarias es principalmente la de la máquina social. Si esto es obvio con respecto a los faraones de Egipto, también vale para una máquina social como la nuestra, con tecnologías mucho más sofisticadas.

Ahora que hemos planteado el concepto de máquina social (o de megamáquina), tratemos de avanzar un paso más. Antes que el concepto de máquina social, prefiero el concepto de "máquina de guerra" de Deleuze y Guattari, aunque ligeramente modificado. Foucault ha demostrado de manera magistral la necesidad de deshacerse del "sociologismo", con el cual se refería a la tendencia de las ciencias sociales a cubrir las relaciones de poder bajo la acción de entidades globales, genéricas y holísticas, como la Sociedad, lo Social, las relaciones sociales. Porque el anonimato de la "sociedad" y sus mecanismos oculta las relaciones de guerra, las divisiones de clase y los distintos tipos de poder. El poder debe analizarse a partir de sus propias estrategias, siempre singulares, coyunturales,

[65] Ibíd., p. 263 [325].
[66] Ibíd., p. 328.

impredecibles, sin otra regularidad que la de su afirmación. Por esta razón voy a abandonar la noción genérica e imprecisa de "máquina social", que parece producir de manera impersonal normas, hábitos, leyes, y voy a hablar en cambio de "máquina de guerra", que implica dominantes y dominadas, relaciones de fuerza a partir de las cuales se producen normas, hábitos y leyes, pero que también implica el "hacer morir" y la violencia, exactamente igual que en la megamáquina egipcia. Cuando la sociología pone sus análisis en el campo del poder (Bourdieu), describe los mecanismos sobre los que se apoya la dominación, pero descuida la voluntad de resistencia y revuelta, la posibilidad de constituirse en máquina revolucionaria contra el poder que implica en cambio el concepto de guerra. Así, "máquina de guerra" significa entonces, y en esto diverge de Deleuze y Guattari, que la sociedad está dividida, que las fuerzas se oponen, que esta división y estas fuerzas se manifiestan mediante estrategias de confrontación, incluso en la técnica.

Esta distinción entre máquina técnica y máquina de guerra es la que precisamente falta en el concepto de máquina elaborado por Günther Anders. Basándose en su experiencia de obrero en una línea de montaje de una gran fábrica estadounidense, durante su exilio, transforma la famosa fórmula de Heidegger del hombre como "pastor del Ser", en la del hombre como "pastor de máquinas", un gesto que parece brindar nuevas perspectivas. Pero esta es la explicación que ofrece:

> Puesto que la *raison d'être* de las máquinas es el rendimiento, incluso el máximo rendimiento, necesitan, todas y cada una de ellas, mundos en derredor que garanticen este máximo. Y lo que necesitan, lo conquistan. Toda máquina es expansionista, por no decir "imperialista"; cada una de ellas se crea su propio *imperio colonial* de servicios (compuesto por personal auxiliar, de servicio,

consumidores). [...] La máquina originaria, pues, se expande, se convierte en "megamáquina" [...] también ella necesita un mundo exterior, un "imperio colonial" que se pliegue a ella y "juegue su juego". [...] [L]a autoexpansión no conoce límites; *la sed de acumulación de las máquinas es insaciable.*[67]

Continuando su expansión, se transforma en "máquina mundial", "máquina total" que logra la conquista de la totalidad del mundo. El "mundo entero se convierte en máquina", un Estado técnico-totalitario, constituido por un "gigantesco parque de máquinas".

Pero acabamos de ver que la "megamáquina" de Mumford no es mecánica. Por el contrario, es un espacio de conflictos, decisiones, estrategias: máquina de guerra, justamente. Es fácil entender que donde Anders escribe "máquina", debe leerse "capital": no es la máquina técnica la que tiene esta "sed de acumulación", sino la máquina de guerra del capital. La discrepancia existente entre el "poder de producción", que no deja de aumentar, y la capacidad del hombre de "representárselo", que, según Anders, está en la raíz de la impotencia del hombre actual, solo puede ser corregida por la acción de otra máquina de guerra, que sea revolucionaria.

La máquina de guerra no solo produce máquinas técnicas, sino también seres humanos para ellas. El análisis corresponde a tres estrategias y tres formas de articular el agenciamiento entre humanos y no humanos: la máquina supremacista de Trump, la máquina revolucionaria del Frente de Liberación Nacional (FLN) argelino y la máquina de la Segunda Guerra Mundial.

---

[67] Günther Anders, *Nous, fils d'Eichmann*, trad. al fr. P. Ivernel, París, Rivages, 1988, pp. 92-93 [*Nosotros, los hijos de Eichmann*, trad. Vicente Gómez Ibáñez, Barcelona, Paidós, 2001, pp. 92-93].

En Estados Unidos, el gobierno de las conductas parecía haber sido integrado al desarrollo de las nuevas tecnologías, configurando de esta manea el ejercicio "futuro" del poder que describen todas las teorías "ciber". Pero Trump y su máquina de guerra decidieron otra cosa, al revelar lo que se suponía que la tecnología, con sus hábitos piadosos, recubría: los "espectros" de la guerra civil, la "violencia fundadora" del neoliberalismo.

Las grandes empresas estadounidenses que están a la vanguardia de la innovación tecnológica (las GAFAM: Google, Amazon, Facebook, Apple, Microsoft) producen la subjetividad y la "relación con uno mismo" adecuada para el funcionamiento de sus dispositivos y para conducir el comportamiento de los gobernados en general. Esta gubernamentalidad integrada en las máquinas técnicas tendría el poder de anticipar y controlar las conductas, enmarcando de antemano el futuro (las conductas posibles e imposibles) gracias a la creación de perfiles de individuos, construidos a partir de las "huellas" digitales de nuestros comportamientos, calculados por algoritmos de computadoras superpoderosas. Estas máquinas parecen encarnar una *pacificación de las relaciones de poder*, dado que, gracias a ellas, el poder se ejercería de manera despersonalizada.

Las GAFAM promueven una figura *smart* del "capital humano", que vive, se alimenta y se comunica de manera *smart*, una subjetividad abierta de manera simultánea a las diferencias sexuales y culturales y al mercado. Estas empresas, que alimentan los imaginarios, los valores, los contenidos del capitalismo contemporáneo y los modelos de su actualización, penetran en lo más íntimo de la vida cotidiana, ocupando la subjetividad y sus afectos las 24 horas del día. Solicitando una atención permanente –que da lugar a una actividad tan ridícula como consultar compulsivamente el teléfono celular–, producen los dispositivos de la Movilización general contemporánea. Producen incansablemente información que se supone que afecta a las subjetividades, circulando a través de miles de millones de teléfonos, televisores, computadoras, tabletas, cuyas conexiones envuelven el planeta en una red cada vez más densa. Transmiten un flujo ininterrumpido de publicidad que muestra el mismo modelo de vida *smart* para familias *smart*.

Los críticos "ciber" más despolitizados, dicen que en estas condiciones, toda acción política es imposible: la información es demasiado rápida, demasiado intensa, demasiado densa y demasiado compleja para que los individuos y los colectivos puedan procesarla. La acción política presupone una elaboración de la información consciente y colectivamente compartida que impide su circulación digital.

Y, sin embargo, todos los días, en este "caos" de información, los consejos de administración de las empresas, los grandes bancos, los Estados y las mafias logran seleccionar, elaborar y extraer fácilmente estrategias, políticas y ganancias. La complejidad, el caos, la sobreabundancia de información, imágenes y discursos constituyen un grave problema para el individuo sumergido por estos flujos, pero no para una máquina social capaz de seleccionarlos y desarrollarlos colectivamente (colectivo compuesto de humanos y no humanos). La máquina de guerra montada por Trump se orienta, elige, decide en este magma. El problema es político más que tecnológico.

Las empresas de Silicon Valley han contribuido a crear la situación que le permitió a Trump tomar el poder. La vertiginosa sucesión de "revoluciones" tecnológicas (digital, de plataformas, ciudades *inteligentes*, teléfonos *inteligentes*, bitcoins, bio y nanotecnologías, inteligencia artificial, etc.) produjo una parálisis social completa, mientras que la difusión de estas tecnologías estabilizó las relaciones de poder en lugar de alterarlas. Estas empresas son un ejemplo del poder de los monopolios (y, por lo tanto, de la renta) y un símbolo de la concentración de la propiedad (actualmente muestran las capitalizaciones bursátiles más fuertes) perseguida por todos los medios, incluida la evasión fiscal. La distribución horizontal del poder prometida por la miniaturización de las computadoras ha dado lugar a su opuesto, monopolios que han superado ampliamente a los de la época industrial.

La aceleración de la innovación, hecha posible por un poder de cálculo en progresión geométrica, condujo directamente a un "antiguo régimen" hipertecnológico donde los lugares a ocupar dentro de una jerarquía de empleos, salarios, patrimonio, educación, vivienda, etc., dependen del nacimiento, como antes de la Revolución francesa. Así, del transhumanismo de Silicon Valley no emerge un sujeto "poshumano", sino un viejo conocido, el aristócrata, que se ha vuelto *ciber* y cuya cabeza, guillotinada en 1789, vuelve a estar en su lugar. La confianza en la tecnología como medio para crear más libertad, más democracia y menos dependencia queda una vez más desmentida por sus "resultados concretos", ciertamente lamentables, de reproducción de las relaciones de poder.

Trump es un nuevo tipo de fascista y de racista que puede ser calificado de *cyborg*: su "consistencia" es inseparable de las máquinas técnicas (televisión, internet, Twitter) con y a través de las cuales existe como "sujeto político". Del mismo modo, sus votantes "existen" y se manifiestan políticamente por medio de estos mismos dispositivos digitales. Pero no es su hibridación con la máquina lo que lo convierte en un nuevo "yo" fascista, sino su estrategia política y su subjetivación, que le prestan al agenciamiento cibernético una nueva configuración y nuevas funciones. No era el candidato del sistema mediático clásico (televisión y prensa) ni de las grandes compañías de Silicon Valley que controlan las "redes sociales". Ganó porque, apoyándose en la devastación social y psíquica producida por la financiarización y la digitalización, supo expresar y construir políticamente subjetividades neofascistas, racistas y sexistas. Les dio "voz" y expresión política a los miedos y las angustias del hombre endeudado, alimentados y amplificados por los medios de comunicación, desplazando la confrontación al campo identitario, poniendo a una parte de la población (los blancos) en contra de otra (migrantes, mujeres, extranjeros y todas las minorías). Capturó subjetividades aplastadas por cuarenta años de políticas económicas que las empobrecieron sistemáticamente y por políticas de la información que las despreciaron por "atrasadas" que se resistían a cualquier modernización y rechazaban cualquier reforma. A lo largo de la llamada "crisis de la deuda pública", las informaciones que acompañan la estrategia destinada el sistema bancario recurren al registro del "orden" ("Hay que pagar la deuda"), la "amenaza" ("Si no pagas, el sistema se derrumbará, y tú junto con él") y el "insulto" ("¡Es tu culpa, eres un vago!").[68] Orden, amenaza e insulto: estas son las características de los medios de los que Trump logró apropiarse usando los mismos dispositivos tecnológicos, pero volviéndolos contra las elites que se repartían la gubernamentalidad democrática.

El poder de las palabras e imágenes *inteligentes* de las GAFAM y las redes mediáticas quedó neutralizado cuando tuvo que enfrentarse a otra estrategia, a otra máquina de guerra, capaz de construir una política por medio de sus consignas supremacistas, racistas y sexistas. Sus informaciones rebotan contra la superficie del yo neofascista y no lo afectan en absoluto

---

[68] "Orden", "amenaza" e "insulto" ya caracterizaban la comunicación en las colonias, como se verá en el apartado siguiente con Fanon.

(los gobernados, cuya característica es "responder a las solicitaciones" de los dispositivos gubernamentales, se negaron a jugar el juego, sustrayéndose de su control). Los "automatismos" tecnológicos carecen de eficacia en una situación de conflicto abierto donde todos toman partido y se convierten en "militantes de la información". Las grandes compañías digitales no logran construir la realidad consensual de la opinión pública democrática, dado que la gubernamentalidad neoliberal fue rechazada de antemano y este rechazo logró encontrar una máquina social para vehiculizarla y darle consistencia. Los afectos transmitidos por los superpoderes "sensibles" de Silicon Valley no pueden hacer nada contra los afectos (miedo, frustración, angustia, deseo de venganza) amplificados y organizados por la máquina de guerra mediática de "resentimiento" llamada Trump. La capacidad de previsión, de anticipación que miles de millones de datos deberían garantizar, resultó ser fallida. Los datos pueden predecir cuándo voy a comer la próxima pizza de mozzarella, si es que como a menudo, pero prever una ruptura política es lógicamente imposible, incluso para una red infinita de computadoras. Los datos pueden gobernar el comportamiento de quienes aceptan lo que "es", pero no pueden predecir ni "gobernar" el comportamiento de las subjetividades en ruptura.

Así, Silicon Valley, con todo su futurismo, se rindió ante la emergencia de "nuevos arcaísmos". Lo que reveló la debilidad política de estas compañías, consideradas el modelo de la economía y el poder del futuro, fue la operación de ruptura organizada por la extrema derecha, que desencadenó una batalla política en el seno de las elites capitalistas que probablemente va a terminarse cuando estas se reorganicen en torno a una intensificación de las políticas neoliberales que solo las organizaciones neofascistas pueden llevar a cabo. No debemos subestimar lo que sucedió en Europa y Estados Unidos, porque esta ola reaccionaria continuará expandiéndose (en Brasil, una vez más, la autonomía de la tecnología no duró mucho, incorporada sin dificultad a una estrategia política fascista). La intensificación de la "crisis" de la deuda hizo visible, con la secuencia internacional de 2011, Brasil en 2013 y Grecia en 2015, el surgimiento de una subjetivación conflictiva a escala global y la posibilidad de una ruptura política. A pesar de la debilidad de estos movimientos políticos, algunas de las elites capitalistas prefirieron jugar la carta del neofascismo, el racismo, el sexismo y la xenofobia. El racismo se convirtió así en el principal modo de gestión estratégica de la guerra contra las poblaciones, divididas según el principio de nacionalidad u origen, tanto en lo que respecta a la ciudadanía como al mercado laboral.

Lo que debe cuestionarse no es la omnipotencia, sino la impotencia de estas empresas gigantescas, de sus máquinas y algoritmos que se supone que nos gobiernan, porque no pueden penetrar en los territorios y las redes que afirman políticamente su independencia y su autonomía política. Estas máquinas técnicas son muy eficaces cuando actúan sobre individuos aislados, desolidarizados, dispersos, atemorizados, sometidos al desgaste de la iniciativa capitalista y vinculados tan solo por los dispositivos de la democracia mediática. Pero frente a una socialización, una fractura, un enunciado colectivo de ruptura, aunque sea fascista, se vuelven súbitamente impotentes.

En lugar de celebrar el poder de las GAFAM, una señal inequívoca de nuestra impotencia, deberíamos comenzar a considerarlas como hicieron los revolucionarios del siglo XX con otras máquinas de guerra, es decir, como "tigres de papel" cuya debilidad no es técnica, sino política. Es inútil, por lo tanto, querer competir en su terreno, perderíamos de antemano. No son las máquinas técnicas las que instalan los saberes, los poderes y sus automatismos, sino las máquinas de guerra. Guattari, a quien le debemos el concepto, recuerda que las máquinas de vapor fueron inventadas en China, donde fueron utilizadas como inocentes juegos para niños. La que decide acerca de la máquina de vapor es la máquina de guerra, que puede convertirla en un instrumento infernal, tal como ocurrió en las fábricas del siglo XIX o, montada encima de una locomotora, en la imagen misma del progreso.

Lo esencial es construir una máquina de guerra revolucionaria. A partir de ahí, se puede desarrollar una máquina tecnológica, mientras que lo contrario resulta imposible. Apenas cuarenta años después de la revolución, los soviéticos, que habían atravesado una terrible guerra civil y después una guerra aún más terrible contra los nazis, enviaron al primer hombre al espacio frente al poder tecnológico estadounidense. En el momento de la revolución, China era el país más pobre del mundo. Hoy, desafía a los colosos de Silicon Valley y al poder económico de Estados Unidos. Aunque la extraordinaria fuerza subjetiva desarrollada por la máquina de guerra ha sido invertida y desviada hacia proyectos neocapitalistas y neoautoritarios, su poder permanece. La ciencia, la tecnología y el conocimiento pueden importarse e incluso copiarse, como lo hizo Japón en el período de posguerra. Lewis Mumford ya lo había señalado: "Todas las propiedades de las máquinas particulares —alto consumo de energía, mecanización, automatización, rendimiento cuantitativo— aumentan gracias a su inclusión en la megamáquina", la máquina social.

El primer paso para comprender y utilizar las máquinas técnicas es de naturaleza política. Pero los diversos movimientos políticos posteriores al 68 no lograron problematizar y mucho menos concebir una nueva máquina de guerra. La mayor victoria del neoliberalismo, profundamente inscripta en el "cerebro colectivo" (*General Intellect*), es el borramiento de lo que caracterizó al siglo pasado: la larga secuencia de revoluciones exitosas o fallidas.

FANON Y LA RADIO

Lo que nos falta no es un punto de vista crítico sobre las máquinas técnicas, sino una teoría sobre su relación con la máquina revolucionaria. El texto más sorprendente para tratar de articular esta relación fue escrito por Frantz Fanon y se refiere a la función del dispositivo técnico "radio" durante la guerra colonial y la lucha por la independencia nacional de Argelia. "Aquí la Voz de Argelia",[69] segundo capítulo de *Año V de la revolución argelina*, muestra de manera incomparable la fuerza de la máquina de guerra que actualiza las posibilidades de la máquina técnica en un sentido revolucionario.

La radio es parte integrante de las estrategias de poder del colonizador francés y contribuye al proceso de sometimiento al que está sujeto el colonizado. Pero lo que nos interesa aquí es el cambio radical de las "actitudes", de la manera de percibir, de sentir y de las "conductas" de los colonizados con respecto al dispositivo técnico, al mundo y a sí mismos, cuando la máquina de guerra de la revolución nacional despliega su fuerza. Fanon demuestra que la aparición de un "dispositivo tecnológico", su penetración, su difusión, su aceptabilidad o su rechazo dependen siempre de una máquina de guerra.

La recepción o rechazo de la información, la posibilidad de seleccionarla y elaborarla o, por el contrario, de someterse a ella, remite a la presencia o ausencia de un "cuerpo social". El rechazo o la aceptación no son simplemente competencias, facultades, capacidades del individuo: están constituidas "socialmente" y políticamente. El instrumento técnico "no se percibe nunca 'en sí',

---

[69] Frantz Fanon, *L'An V de la révolution algérienne. Œuvres*, París, La Découverte, 2011, pp. 303-330 ["Aquí la Voz de Argelia", en *Sociología de una revolución (Año V de la revolución argelina)*, México, Era, 1976, pp. 50-76 (todas las citas posteriores pertenecen a este capítulo)].

como objeto neutro". Siempre está tomado por una estrategia política y, en el caso de Argelia, interviene en la situación colonial donde las diferencias, las hostilidades, los "coeficientes negativos o positivos se dan siempre de manera amplificada".

En la colonia, las "disparidades sociales alcanzan una intensidad extraordinaria", de modo que la voz de la radio no es "indiferente", "neutra", sino que es "la voz del opresor, la voz del enemigo". Estos conceptos, extremados, contienen más verdad sobre los medios que la expresada por la "libertad" de prensa en la paz democrática. "Todas las palabras francesas que escuchábamos eran órdenes, amenazas o insultos". El hecho de que la información sea "orden, amenaza e insulto" está lejos de ser una excepción colonial. Por el contrario, se trata de las características de la información en general.

En Argelia, la radio y sus "poderes sensoriales e intelectuales" fueron objeto de un rechazo al principio pasivo: "La palabra no se recibe, ni se descifra, ni se comprende, sino que se rechaza. Jamás entra en juego la comunicación; esta es imposible". "Antes de la rebelión era la verdad del colono y la nada del colonizado", una situación que alimenta la desconfianza, el rechazo y la negativa, sin una respuesta política colectiva, constitutiva de una máquina de guerra. "No hay resistencia organizada". El rechazo de la radio y su información no expresa "una negativa explícita, ordenada y fundada".

La máquina de guerra produce dispositivos no humanos, y modela y modula a los humanos hasta en su "interioridad". La voz del colonizador, de "franceses que hablan a franceses", interviene en la dimensión micropolítica, por ejemplo, cuando se enfrenta a la estructura familiar tradicional. Los programas "indiferenciados" no están adaptados a la jerarquía patriarcal de la familia argelina. Es imposible escuchar los programas radiofónicos juntos porque ponen en peligro la sociabilidad tradicional de las relaciones familiares "feudales": "las alusiones eróticas y las situaciones burlescas […] provocan en el seno de la familia que escucha tensiones insoportables". Los efectos y los afectos de la radio están aún más marcados desde el punto de vista psicopatológico. "Las monografías sobre los argelinos alucinados registran constantemente, en la llamada fase de actividad exterior, voces radiofónicas fuertemente agresivas y hostiles. Estas voces metálicas, hirientes, injuriosas y desagradables tienen para el argelino un carácter acusador e inquisitorial". La radio es, en el campo de lo psicopatológico, un "objeto pecaminoso, extraño y maldito".

En 1956 se produjo un "verdadero cambio" cuando comenzaron las transmisiones de radio del Ejército de Liberación ("La Voz de Argelia Libre"). El evento revolucionario crea nuevos posibles que afectan la subjetividad e inician un proceso de transformación. La "duda sobre el principio mismo de la dominación extranjera entraña cambios esenciales en la conciencia del colonizado, en su percepción del colonizador y en su situación como hombre en el mundo". Mutaciones que no se detienen en la dimensión "política", sino que llegan a afectar la dimensión micropolítica en tanto producen el inconsciente. La actualización de nuevas posibilidades creadas por la ruptura es la tarea de la máquina revolucionaria, que, al establecer una nueva relación entre la radio (máquina técnica) y sus oyentes (subjetividad), desbarata el funcionamiento colonialista de la misma tecnología.

La diferencia de poder tecnológico entre los adversarios políticos es abismal, pero el problema no está ahí: esta brecha se encuentra en todos los conflictos y guerras revolucionarias, y es por definición asimétrica. En el siglo XIX y especialmente en el siglo XX, en Rusia, China, Vietnam, África o América del Sur, se considera a la máquina militar y a la máquina de comunicación del imperialismo susceptibles de ser derrotadas, aunque estuvieran equipadas con las últimas tecnologías y adelantos. La máquina revolucionaria revela y analiza el poder del armamento y la organización hipertecnológica del enemigo, pero también su impotencia, sus debilidades, sus fallas políticas.

En la guerra revolucionaria, el colonizado se transforma en un sujeto activo, incluso si no participa directamente en la organización política, porque la radio lo incluye en "una comunidad en marcha" de la cual se siente "protagonista". Los "servicios franceses tecnificados al extremo" interfieren sistemáticamente las transmisiones de la radio del FLN, alterando fuertemente las emisiones. Así, la lucha se entabla en el campo de las ondas de radio ("la guerra de las ondas") y el colonizado aprende a seleccionar y elaborar la información desde un punto de vista estratégico, tomando partido, convirtiéndose en un partisano de la información. "El auditorio se había incorporado a la batalla de las ondas, adivinaba la táctica del enemigo, y casi de manera física, muscular, neutralizaba la estrategia del adversario".

Las interferencias del ejército colonizador hacen que la "voz entrecortada, rota" llegara a ser "prácticamente inaudible". Obliga al auditorio a realizar un "verdadero trabajo de elaboración", de interpretación, decodificación e imaginación. El oyente "completaba el carácter fragmentario mediante una creación autónoma de la información". Detrás del ruido de la estática, el oyente adivina no solo la voz de la revolución, sino también las batallas contra el ocupante. La información es mínima, casi inexistente, pero este vacío se llena con el poder de la acción revolucionaria en curso. La revolución transforma el rechazo pasivo en una actitud activa que complementa la información fragmentaria "mediante una creación autónoma de información". En estas condiciones, afirmar haber escuchado la Voz de Argelia es una mentira: el sabotaje de las ondas por parte de los franceses es eficaz. Pero se trata de "una opción deliberada [...] entre la mentira congénita del enemigo y la propia mentira del colonizado, que de repente adquiere un significado de verdad".

La recepción de la información deja de ser individual, ya no se realiza de manera aislada y con miedo, sino que tiene lugar dentro de una "comunidad", un "cuerpo social" del cual el oyente es un participante activo. "A la verdad del opresor, antes rechazada como mentira absoluta, se opone otra verdad propia". Convertirse en un "militante" de la información requiere una ruptura política y una máquina política que divida no solo la información, sino también, antes que nada, la sociedad.

El acontecimiento de la revolución inauguró también la posibilidad de una transformación de las relaciones patriarcales en el seno de la familia. Desde el punto de vista micropolítico, la mutación subjetiva de los argelinos hace posible lo que antes era imposible, escuchar juntos, en familia, las transmisiones llenas de interferencias de la radio de la revolución que hicieron añicos las viejas jerarquías de origen patriarcal: pueden verse "los padres, las madres, las hijas observando codo con codo el dial de la radio". Fanon nota incluso un cambio radical desde un punto de vista psicopatológico. En las psicosis alucinatorias, "las voces radiofónicas se convierten en protectoras y cómplices. Los insultos y las acusaciones desaparecen y ceden su lugar a las palabras de estímulo y aliento". Fanon no esperó a los teóricos de la infoesfera para darse cuenta de que esto constituía un ambiente psicopatógeno. Pero a diferencia de la despolitización que operan estos últimos, atribuye muchas de estas patologías a la máquina de guerra del colonialismo y trabaja en la construcción de una máquina de guerra revolucionaria, a la que confía la tarea, si no de sanearlo, al menos de modificar el entorno para hacerlo favorable a una evolución positiva de la psiquis. La técnica "extranjera", la técnica del poder, "digerida" y apropiada "con motivo de la lucha nacional, se ha convertido en un instrumento de combate para el pueblo y en un órgano protector contra la angustia". "Cada argelino se siente partícipe y desea convertirse en un elemento amplificador de la gran red de significaciones que han nacido con el combate liberador".

La apropiación de los "medios de producción", de los cuales la radio forma parte, es siempre producto del "cuerpo social", nunca del cuerpo individual, y solo puede ocurrir por medio de una acción política. La comunidad política en movimiento es la que se apropia de la máquina técnica para transformarla. "En tanto que proceso mental, asistimos después de 1956 a una *cuasi invención de la técnica*". En realidad, a una invención de la máquina de guerra, que genera tanto una "nueva técnica" como una "nueva subjetividad". Finalmente, Brecht podría haber dicho que la radio no solo es una posibilidad, sino también una cosa buena.

CIBERNÉTICA Y GUERRA

> El sistema de medios procedió en tres fases. La fase 1, que comienza con la guerra civil estadounidense, desarrolló técnicas de almacenamiento de sonidos, imágenes y escritura: el film, el gramófono y el sistema hombre-máquina que constituye la máquina de escribir. La fase 2, que comienza con la Primera Guerra Mundial, desarrolló para los contenidos almacenados técnicas adecuadas de transmisión eléctrica: la radio y la televisión [...]. La fase 3, a partir de la Segunda Guerra Mundial, convirtió el esquema operativo de la máquina de escribir en una técnica probabilística: la definición matemática de la calculabilidad, la *computabilidad*, dada por Turing en 1936, les dio su nombre a las futuras *computadoras*.
>
> FRIEDRICH KITTLER

La cibernética es un resultado directo de la acción de la máquina del Estado en guerra sobre la ciencia y la tecnología. La guerra funciona aquí como una fuerza productiva capaz de acelerar el desarrollo de inventos tecnológicos y de un nuevo tipo de científico. La estrategia y la guerra no son realidades extrañas a la tecnología cibernética y la *big science*, que vendrían a agregarse desde afuera a su funcionamiento. Por el contrario, han sido su cuna. La cibernética y la *big science* fueron pensadas, experimentadas y utilizadas durante las guerras totales y en beneficio de ellas.

Su desarrollo, durante y después de la Segunda Guerra Mundial, fue obra del ejército estadounidense, el empresario más grande, más rico e innovador que el capitalismo jamás haya conocido. El poder de este *empresario estatal* es desproporcionado con respecto al del empresario schumpeteriano del siglo XIX cuya desaparición se lamenta. La fórmula de la "destrucción creativa" se le aplica casi perfectamente, siempre que se haga una ligera inversión de la fórmula, dado que la creación tiene como objetivo la destrucción. El ejército estadounidense lleva inscripto la reversibilidad entre las dualidades constitutivas del poder contemporáneo, la destrucción y la creación, la economía y la guerra, la acción sobre una acción y la violencia sobre las personas y las cosas.

La máquina de guerra no es una condición externa de la primera cibernética porque el *enemigo* la estructura desde adentro. Según Peter Galison, la hibridación cibernética hombre/máquina, que condujo a la construcción de un dispositivo de defensa antiaéreo en el que se experimentó por primera vez con ella, fue pensada por Norbert Wiener, padre de la cibernética, a partir de la imagen que este se hacía del enemigo. Su enemigo no era el que encarnaban los japoneses, en quienes los estadounidenses y los ingleses veían "al otro monstruoso, racialmente diferente y subhumano", ni era el "enemigo anónimo" que podía representar el piloto que bombardeaba ciudades desde lo alto de su avión. El enemigo en el que Wiener estaba interesado era "más activo" que el enemigo anónimo y más "racional" que el enemigo racial: "un enemigo mecanizado y sin emociones, capaz de movimientos predecibles que podría modelarse a través de una especie de *'dispositivo tipo caja negra'*. Esta imagen del enemigo es menos conocida pero más potente que las dos primeras imágenes".[70]

---

[70] Peter Galison, "The Ontology of the Enemy: Norbert Wiener and the Cybernetic Vision", *Critical Inquiry*, vol. 21, núm. 1, 1994. "Caja negra" es

La cibernética nació de esta concepción del enemigo. Para el operador de radar, el piloto de la aeronave a derribar estaba tan bien integrado con la máquina que la diferencia entre lo humano y lo no humano tendía a desaparecer. Aquel que tenía que operar la ametralladora antiaérea formaba parte de una hibridación similar. A partir de esta doble hibridación, se construyó una máquina dotada de *feedback* y capaz de anticipar los movimientos del avión a abatir.

Durante la Segunda Guerra Mundial, el ejército y el Estado estadounidenses establecieron los fundamentos de lo que los marxistas italianos llamaron, tomando prestada la frase de los *Grundrisse* de Marx, el *General Intellect*. El objetivo perseguido por la implementación de grandes laboratorios donde se mezclan diferentes disciplinas y funciones científicas es el de volver la producción capitalista menos dependiente del trabajo del obrero que del desarrollo de la ciencia, la tecnología y la comunicación. Este proceso se inició durante la primera guerra total, que requería un control directo de la producción científica por parte del Estado y el capital. La investigación se desplaza fuera de la universidad "para hacer frente a problemas organizativos impuestos por la estructura militar-industrial [...]. [P]or primera vez en la historia de Europa la aplicación técnico-militar de la ciencia [...] exige que el Estado ejerza el control directo de las investigaciones".[71] La dirección necesaria para la fabricación de la bomba atómica requirió que el Estado ejerciera un control de la producción científica mucho más rígido.

---

un término que data de la Segunda Guerra Mundial, de la época de los radares de búsqueda, y significa que el circuito interno de la "caja" funciona sin necesidad de entender cómo fue instalado.

[71] Franco Piperno, "Il 68, sociale, politico, culturale", *Alafabeta materiali*, Roma, DeriveApprodi, 2018.

La máquina del Estado en guerra, para desarrollar nuevas máquinas técnicas de destrucción, modela y modula un nuevo tipo de investigador y organiza nuevas modalidades de cooperación productiva que serán perfeccionadas y amplificadas durante la Guerra Fría. "Los radares u otras armas nucleares no fueron concebidos por *bricoleurs*: estas tecnologías fueron desarrolladas en reuniones de equipos interdisciplinarios compuestos por científicos, ingenieros y directivos".[72] Los métodos de organización que Boltanski y Chiapello atribuyen a la inventiva de los capitalistas después del 68 o que los teóricos del capitalismo cognitivo ven surgir de la potencia del trabajo y de la cooperación de los trabajadores cognitivos fueron inventados por las fuerzas armadas estadounidenses.

> Aunque alojados y financiados por una inmensa burocracia, estos equipos no funcionan sobre la base de criterios de estatus o de rango; por el contrario, trabajan dentro de una estructura social sin una auténtica jerarquía. Esta estructura se había forjado principalmente a partir de la necesidad de adaptar un enfoque sistémico global para el desarrollo de armas, una estructura capaz de considerar hombres y máquinas como piezas ensambladas dentro de un dispositivo de combate sin parangón.[73]

La transgresión de las fronteras disciplinarias y profesionales es incluso el secreto del método. "Las presiones que se ejercieron para producir nuevas tecnologías de guerra llevaron a los antiguos especialistas a cruzar las fronteras de su profesión, a mezclar el trabajo con el placer y a constituir nuevas redes interdisciplinarias

---

[72] Fred Turner, *Aux sources de l'utopie numérique. De la contre-culture à la cyberculture*, trad. al fr. Laurent Vannini, Caen, C&F, 2012.
[73] Ibíd., p. 369.

dentro de las cuales trabajaban y vivían".[74] Wiener señala que la comunidad científica siempre había soñado con esta organización que integraba el trabajo y la vida, el trabajo y el placer (otras características atribuidas a la gestión y dirección de empresa después del 68), y que la guerra les permitió realizar. "Nos pusimos de acuerdo en estas cuestiones mucho antes de haber podido definir el campo común de nuestras investigaciones [...]. La guerra decidió su naturaleza por nosotros".[75]

Durante la guerra, otro cambio fundamental surgió de la cooperación entre científicos y empresas bajo el control y la supervisión del Estado/fuerzas armadas: la transformación de la figura del científico en empresario. Forzados por la guerra, "los científicos e ingenieros aprendieron a actuar como empresarios". Esta estrategia será luego transmitida por el Estado al sector privado, que no hará más que perfeccionarla.

Lo que Marx no previó, y que los marxistas del *General Intellect* todavía no ven, es que el desarrollo de la ciencia, la tecnología y la comunicación/información tiene como finalidad, del mismo modo que la producción, la destrucción. La técnica y la ciencia no son más que componentes de la máquina de guerra que de manera irreversible y en forma permanente combina, desde principios del siglo xx, capital y guerra, producción y destrucción. Si bien esta colaboración no jerárquica entre militares, científicos y empresarios continúa en un ambiente distendido y amistoso, las fuerzas armadas estadounidenses, gracias a los frutos de esta cooperación, masacran Corea y Vietnam, organizan el asesinato de Allende, mientras que decenas de miles de militantes sudamericanos son asesinados durante los diez años de guerra civil bajo la dirección del criminal de guerra Henry Kissinger.

[74] Ibíd., p. 58.
[75] Norbert Wiener, *Cybernétique et société* (1952), París, Le Seuil, 2014.

La hibridación entre civiles y militares no se detuvo con el final de las guerras totales; por el contrario, se intensificó a lo largo de la Guerra Fría con la institucionalización del complejo militar, industrial y universitario. Incluso los artistas (la vanguardia de los años cincuenta y sesenta) participaron en estas investigaciones que transformaron radicalmente los métodos de organización. La "sociedad del conocimiento", que iba a ser el nuevo horizonte de emancipación, fue ampliamente anticipada por el ejército estadounidense: la ciencia y el conocimiento teórico fueron para él un potente recurso de una producción industrial consagrada a la "destrucción".

Las políticas neoliberales utilizaron todos estos conocimientos, experimentaciones y métodos puestos gentilmente a su disposición por el ejército, orientándolos hacia la economía privada. Una vez que se deshicieron de su "filiación militar o incluso gubernamental, [ellos] aparecieron a los ojos de todos como motores culturales y económicos […] como fuerzas que emanan de la naturaleza".[76] Fue a partir de entonces que comenzó a construirse el *relato* del emprendedor innovador y genial, con confianza en el mercado y desconfianza de todo lo que se parezca de cerca o de lejos a lo estatal, capaz de asumir los riesgos e inventar la computadora portátil en su garaje. "Estafa cósmica" que nos vendieron como verdad porque los vencedores tuvieron la fuerza para imponerla. Silicon Valley no es el fruto del espíritu de iniciativa de empresarios liberado por fin de la tutela burocrática, sino de cincuenta años de enormes inversiones públicas administradas por la estructura más jerárquica, más disciplinaria y más asesina que jamás haya existido: las fuerzas armadas estadounidenses.

Los científicos que crearon e implementaron las tecnologías informáticas y cibernéticas no eran ingenuos. Eran plenamente conscientes de que su investigación dependía estrictamente de la

---

[76] Ídem.

máquina de guerra y el financiamiento militar. En 1950, Wiener previó que las nuevas máquinas cibernéticas se implantarían con un plazo de diez o veinte años, a menos que "cambios políticos violentos u otra gran guerra"[77] aceleraran su implementación. Este es otro ejemplo del hecho de que no son las grandes tendencias tecnológicas, los determinismos productivos o el desarrollo "objetivo" de las fuerzas de producción lo que introduce adelantos notables y determina súbitas aceleraciones, sino las rupturas políticas, las bifurcaciones subjetivas de la historia, las confrontaciones estratégicas. En este caso, fue la urgencia de "la batalla de Inglaterra lo que hizo necesario tratar el problema del radar a fondo, acelerando el desarrollo natural de esta cuestión, que podría haber llevado décadas". Debido a las necesidades de la guerra, solo tomó dos años "usarla eficazmente en el campo de batalla".[78]

Teoría de las máquinas

> Un elemento técnico continúa siendo abstracto, totalmente indeterminado, mientras no se lo relacione con un *agenciamiento* que él supone. La máquina es primera con relación al elemento técnico: no la máquina técnica que de por sí es un conjunto de elementos, sino la máquina social o colectiva, el agenciamiento maquínico que va a determinar cuál es el elemento técnico en tal momento, cuáles son sus usos, su extensión, su comprensión, etc. Por medio de los agenciamientos, el *phylum* selecciona, cualifica e incluso inventa los elementos técnicos.
>
> Gilles Deleuze y Félix Guattari

---

[77] Ibíd., p. 185.
[78] Ibíd., p. 186.

Los autores que en los años sesenta-setenta renovaron profundamente el concepto de máquina nos dejaron una valiosa caja de herramientas conceptuales para salir de la trampa de las "revoluciones tecnológicas". Alrededor de las máquinas proliferan de hecho teorías muy sofisticadas que siempre interrogan la última máquina técnica (algoritmos, bitcoin, nanotecnologías, inteligencia artificial, plataformas digitales, etc.) pero nunca la máquina de guerra (capitalista) que las selecciona y las hace funcionar. De esta manera, repiten sin cesar el mismo error. Los aceleracionistas, por ejemplo, muestran esta ingenuidad cuando en sus análisis del funcionamiento del capital financiero eliminan la máquina de guerra que impone la relación acreedor-deudor, sus estrategias ("los créditos personales") y sus formas de sujeción (el hombre endeudado) por detrás de la acción impersonal y automática de la técnica (negociaciones de alta frecuencia) y los algoritmos –los modelos matemáticos que les permiten funcionar–.

El aceleracionismo pertenece a este vasto y variado conjunto de teorías que, cuando no están fascinadas por las potencialidades progresistas de la técnica, lo están por las catástrofes que parecen anunciar (Mark Fisher, Franco Berardi, Nick Land, etc.). Estos dos puntos de vista aparentemente opuestos se unen en la centralidad que se les presta a la automatización y a los automatismos: las relaciones de poder entre las personas desaparecerían bajo el funcionamiento impersonal de las máquinas. "Estamos gobernados por algoritmos", "las máquinas digitales conducen nuestras 'conductas'", "los números dictan nuestro comportamiento", etc. Franco "Bifo" Berardi, un participante asiduo de los debates que cruzan estas redes, sintetiza esta convergencia:

La abstracción financiera se basa en el funcionamiento impersonal de los automatismos. Nadie toma decisiones porque cualquier decisión fue reemplazada por una cadena lógico-matemática y los algoritmos del capital se volvieron independientes de la voluntad individual de quienes los crearon y se sirven de ellos.

El origen de esta despolitización debe buscarse en los últimos estremecimientos del pensamiento del 68, en Jean-François Lyotard o en Jean Baudrillard, por ejemplo. Para el primero, el capital es un sistema sin un verdadero afuera y que por lo tanto no tiene necesidad de ninguna estrategia. Lyotard lo reduce a "un proceso factual", a un funcionamiento tecnológico, cibernético, cuya única finalidad es el *desarrollo* y la "única regla que conoce […] la maximización del rendimiento del sistema".[79] No hay ninguna posibilidad de salir del funcionamiento de la máquina. Incluso la "emancipación" deja de ser una lucha que se gana; para pasar a ser a partir de ahora "efecto y condición de la complejidad" del sistema e "incluso las críticas que pueden oponer al desarrollo son expresiones del desarrollo y a él contribuyen".[80] Las "irregularidades" del propio sistema son reconvertidas en incentivos para aumentar su rendimiento. El sistema puede reciclarlo todo, incluso la guerra, que es solo un resultado, un accidente necesario o contingente. Esta versión pos-68 del "fin de la historia" se enfrentó muy rápidamente a su fatuidad, porque la guerra, que se suponía que no tendría lugar (Baudrillard), no solo fue muy real, sino que terminó en la doble derrota que los estadounidenses sufrieron en Irak y Afganistán. La todopoderosa tecnología informática que se encuentra en el corazón de estas teorías fue contrarrestada

---

[79] Jean-François Lyotard, *Misère de la philosophie*, París, Galilée, 2000, p. 114.

[80] Jean-François Lyotard, *Moralités postmodernes*, París, Galilée, 1993, p. 68 [*Moralidades posmodernas*, trad. Agustín Izquierdo, Madrid, Tecnos, 1996, p. 73].

por una simple estrategia política –la estrategia de que lo "real" no desapareció en una simulación a disposición de las manipulaciones del sistema–. No hay consecuencias más catastróficamente reales para el planeta entero que las de esta guerra, en la cual, según otra versión de Baudrillard, resulta "absolutamente indiferente que haya o no haya tenido lugar". La contingencia, la ruptura, lo "real" (eso que no puede anticiparse incluso con una red infinita de computadoras) se juega fácilmente en estas teorías que, al final de su evolución, liquidan la revolución y hacen de la tecnología un poder autónomo, autorreferencial e independiente de cualquier otra estrategia que la de su propio desarrollo.

Volvemos a encontramos con el mismo problema que en el capítulo anterior: la ilusión de que las relaciones de poder son completamente inmanentes a la técnica en un caso, al derecho y a la economía en el otro. Para tratar de identificar los límites del pensamiento "ciber", para despertar a nuestros revolucionarios del sueño tecnológico en el que parecen haberse hundido, debemos comenzar planteando de otro modo el problema de las nuevas máquinas pretendidamente "autónomas". Sobre todo, es necesario tratar de entender por qué la máquina de guerra tiene prioridad sobre la máquina técnica, por qué la automatización y la decisión, la despersonalización de las relaciones de poder por medio de la técnica y la estrategia política no se oponen. Por el contrario, *la técnica favorece la decisión y la estrategia*.

En cada ola de innovación se nos dice que la técnica va a "liberar el tiempo", que la creciente productividad de los sistemas de máquinas va a terminar de emancipar a la humanidad de la necesidad de trabajar. Pero no solo estas promesas de liberación nunca se realizaron sino que en todas partes se convirtieron en su opuesto. ¿Por qué? Simplemente porque la máquina misma debe ser liberada de su subordinación. En el capitalismo, sostiene Gilbert Simondon, "la

máquina es un esclavo que sirve para hacer otros esclavos".[81]
Esta afirmación nos da una pista decisiva en cuanto a las relaciones de poder. Porque si la máquina es un esclavo que tiene una autonomía e independencia relativa, debe tener un amo, un esclavista, alguien para el que trabaja y cuyas órdenes ejecuta. Simondon no revela la identidad de este último, pero Deleuze y Guattari nos dan una respuesta complementaria: "Somos siempre esclavos de la máquina social y nunca de la máquina técnica". La máquina técnica estaría entonces sometida a la máquina de guerra. Es esta última la que le da forma a la relación hombre-máquina, porque precede tanto al hombre como a la máquina (la relación es anterior a los términos que la forman). En su forma capitalista, la máquina de guerra somete tanto al hombre como a la máquina, transformando al primero en "capital variable" y a la segunda en "capital fijo". Seguiremos este hilo para relanzar el debate sobre la relación entre guerra y revolución.

MARX Y EL TRIPLE PODER DE LA MÁQUINA, LA CIENCIA Y LA NATURALEZA

Para tratar de entender la naturaleza y la función de la técnica, hay que criticar también la mayoría de las observaciones marxianas sobre las máquinas y su relación con el hombre. En *El capital*, Marx explica que el trabajo calificado del operador que actúa junto a las máquinas está "desprovisto de todo sentido" y representa una cantidad insignificante

---

[81] Gilbert Simondon, *Du mode d'existence des objets techniques* (1958), París, Aubier, 2012, p. 175 [*El modo de existencia de los objetos técnicos*, trad. Margarita Martínez y Pablo Rodríguez, Buenos Aires, Prometeo, 2008, p. 144].

frente a los poderes de la *ciencia*, del *trabajo* incorporado a las máquinas y de las fuerzas de la *naturaleza*. Este "triple amo", como lo llama Marx, está basado en una concepción problemática de la técnica y de su relación con el hombre: la teoría del fetichismo de la mercancía, que no es muy útil para entender las máquinas cibernéticas. Al contrario. Sigue siendo completamente antropocéntrica, animada por sujetos "individuados" (vivos), objetos "cosificados" (muertos) y mecanismos (dialécticos) que invierten las relaciones entre los hombres para convertirlas en relaciones entre las cosas. La idea del funcionamiento automático e impersonal de los dispositivos capitalistas que alienan y dominan a los hombres que los produjeron nace de esta dialéctica sujeto/objeto; la ilusión de que las confrontaciones estratégicas, la guerra y las relaciones de poder pueden incorporarse incesantemente en la objetividad y la impersonalidad del dinero, el trabajo, la ley, el consumo, las normas sociales, los algoritmos y las finanzas, tiene su origen en ella.

Una teoría de la máquina fundada en una ontología de sujetos "individualizados" y objetos "cosificados", en el poder de los automatismos impersonales que surgen de la inversión dialéctica del orden de la subjetividad en el orden de la objetividad, nunca podrá tomar en cuenta la naturaleza de la tecnología, que, como explica Simondon, "no forma parte del dominio social puro, ni del dominio psíquico puro"[82]: surge de la dimensión preindividual y la dimensión transindividual, donde se deshacen tanto los sujetos individualizados como los objetos cosificados.

La evolución de la relación hombre-máquina, que Simondon construye más allá de la oposición objeto-objeto, nos permite comprender los límites de las teorías contemporáneas:

[82] Ibíd., p. 260.

gracias a su plasticidad cibernética, las máquinas simulan la plasticidad del cerebro y adquieren una autonomía (Malabou) comparable a la del ser humano; los automatismos matemáticos –los algoritmos– constituirían una nueva gubernamentalidad. La teoría de las máquinas del filósofo francés nos permite criticar otra teoría, incluso más extraña, según la cual el trabajador "cognitivo" habría incorporado las máquinas (el capital fijo) a su subjetividad. La "apropiación" de los medios de producción por parte de los trabajadores, que antes suponía la revolución, la toma del poder, la guerra civil, etc., se produciría ahora milagrosamente, sin incidente alguno y sin que los capitalistas (ni nadie más) se dieran cuenta. El proceso cognitivo por el cual el cuerpo humano produce órganos artificiales exteriorizando sus funciones quedaría invertido por el trabajador cognitivo, que habría internalizado la tecnología y los saberes que la producen y la hacen funcionar. Pero el cuerpo convocado por la tecnología es completamente diferente: "la máquina debe ser pensada inmediatamente con respecto a un cuerpo social y no con respecto a un organismo biológico humano".[83]

El "cuerpo social" del capital es el que distribuye la máquina técnica como capital constante y al trabajador como capital variable. Son complementarios, evolucionan juntos, en paralelo, bajo el control de la unidad superior de la máquina de guerra. Y solo desde otro "cuerpo social", el de la revolución y sus modalidades de organización, la máquina de guerra del capital puede ser criticada y la relación entre lo humano y lo no humano configurada de manera diferente.

---

[83] Gilles Deleuze y Félix Guattari, *L'Anti-Œdipe. Capitalisme et schizophrénie*, París, Minuit, 1972, p. 481 [*El Anti-Edipo. Capitalismo y esquizofrenia*, trad. Francisco Monge, Barcelona, Paidós, 1985, p. 409].

Simondon, como Deleuze y Guattari, sostiene otra ontogénesis de la técnica. La máquina no prolonga el esquema corporal, "ni para los trabajadores ni para los dueños de las máquinas": no es un "órgano", una prótesis, una exteriorización del brazo, del ojo, de la fuerza corporal, del cerebro, etc. No es un utensilio. Es un ensamblaje, un acoplamiento, un agenciamiento de dos modos de existencia (el hombre y la máquina) que, agregaremos, se desarrolla en el marco de la máquina de guerra que los generó. Para Deleuze-Guattari y Simondon, la distinción entre máquina y herramienta es fundamental: al ser prótesis, exteriorizaciones corporales, los instrumentos y herramientas carecen de una "individualidad" propia, a diferencia de la máquina.

El siglo XVIII es el siglo del gran desarrollo de las herramientas y los instrumentos. En esa época, se constituye el "individuo técnico" porque al utilizar las herramientas, el hombre le presta su "individualidad biológica" a la individualización técnica y se constituye en el centro del proceso. El siglo XIX, por el contrario, es el siglo de las máquinas, las cuales operan un descentramiento de las funciones humanas. En la industria capitalista, el hombre pierde la función de "individuo técnico": las herramientas son utilizadas por la máquina (máquina-herramienta), de modo que es ella quien ocupa desde ahora el centro de la individuación técnica. La actividad de las máquinas automáticas no es *autónoma*, sino *paralela* a la actividad humana, que no desaparece, sino que se desplaza: su función ahora es actuar por debajo ("sirviente") o por encima ("regulador") del individuo técnico (máquina). El hombre se convierte o bien en organizador de las relaciones entre distintos niveles técnicos —en lugar de ser él mismo uno de estos niveles–, o bien simplemente en "proveedor de los elementos" para el correcto funcionamiento de la máquina.

Estas máquinas son las que se encuentran en *El capital*.
Las teorías del "triple amo" y del fetichismo de la mercancía
se construyen a partir de las máquinas automáticas (las má-
quinas-herramientas) del siglo XIX, que tienen poco que ver
con las máquinas contemporáneas, cibernéticas o autorre-
guladoras, en las cuales la función del ser humano vuelve a
cambiar. Mientras que las máquinas automáticas marxianas
tienen "necesidad del hombre como sirviente (trabajador) u
organizador (capitalista), las máquinas de autorregulación
tienen necesidad del hombre como técnico, es decir, como
asociado",[84] explica Simondon. Las máquinas-herramienta
se convierten en individuos técnicos "relativamente independientes" solo con estas máquinas cibernéticas.

La máquina cibernética, como "individuo técnico", no es
una cosa, un simple objeto, ni una objetivación de la actividad
humana, sino un "modo de existencia" que se agrega al modo
de existencia humano y funciona en paralelo con él (ningu-
no de estos términos puede funcionar de manera autónoma,
independientemente uno del otro). "Modo de existencia" significa que la máquina no es una "unidad absoluta", un "bloque
cerrado", una "sustancia", es decir, una "cosa" ya individualizada, "acabada", "muerta", para usar el lenguaje de Marx. La máquina está abierta de muchas maneras porque es relación y multiplicidad de relaciones: relación con sus propios componentes,
con otras máquinas, con el mundo (el *milieu*) y con el ser humano. Este ser de la técnica, que Heidegger buscó en vano,
consiste para Simondon en la relación. El ser de la técnica "re-
side en el hecho de que la relación tiene valor de ser: tiene una
doble vertiente genética, una hacia el hombre y la otra hacia la

---

[84] Gilbert Simondon, *Du mode d'existence des objets techniques*, ob. cit.,
p. 174 [*El modo de existencia de los objetos técnicos*, ob. cit., p. 142].

máquina",[85] mientras que en el pensamiento crítico contemporáneo, "la máquina y el hombre están ya totalmente constituidos y definidos". Al igual que Deleuze y Guattari, Simondon nunca trata al hombre y a la máquina como esencias que llevarían una existencia autónoma.

El hombre y la máquina forman un agenciamiento y, por lo tanto, un campo de posibles, de virtualidades tanto como de elementos materiales (las partes mecánicas, el software, los algoritmos), pero todo esto debe ser confrontado con las posibilidades y los componentes de la máquina de guerra. Si la máquina está abierta, si la máquina es una relación, entonces contiene un "margen de indeterminación" y su individuación no está dada de una vez y para siempre, porque su funcionamiento es adaptable y no está constituido rígidamente, como en los autómatas de los que habla Marx que, como tales, constituyen un tipo de tecnología inferior.

Al sustancializarla como una cristalización del "trabajo vivo", Marx concibe la máquina como un objeto acabado, un "bloque cerrado", una cosa "muerta" ("trabajo muerto", precisamente), con sus posibilidades agotadas, mientras que toda su fuerza se concentra en el trabajo vivo. Pero la máquina no se define solo por su estado material actual, sino también por sus dimensiones invisibles (planos, diagramas, etc.) y sus potencialidades. No está muerta, sino bien "viva", disponible para la variación, para el cambio, capaz de entrar en diferentes procesos de individuación. Al concebir la máquina como una relación, ya no podemos usar las categorías marxianas de "vivo" (subjetividad) y "muerto" (objetividad), como tampoco la categoría foucaultiana de "vida" biológica.

[85] Gilbert Simondon, *L'Individuation psychique et collective*, París, Aubier, 1989, p. 278.

La máquina de guerra

El conjunto de relaciones que constituyen el agenciamiento hombre-máquina está atrapado en la individuación operada por eso que Simondon llama, genéricamente, la "cultura de la rentabilidad", que somete (que hace esclavos) hombre y máquina a la "productividad" y al dominio de la naturaleza. Es aquí donde se debe invocar el concepto de máquina de guerra. Por su indeterminación, la máquina (como la humana, para el caso) está abierta a una individuación que depende del "cuerpo social" del capital.

El capitalismo hace posible la autonomía relativa de las máquinas técnicas y su brutal "esclavitud". El capital produce una ruptura en la historia política y social, pero también en la de las técnicas, al desterritorializar los flujos monetarios, sociales, técnicos y políticos que, en las sociedades precapitalistas, estaban "encajados, codificados o sobrecodificados de tal modo que nunca se independizan".[86] La decodificación generalizada de estos flujos proporciona una nueva "libertad" e "independencia" a la evolución de los flujos técnicos y científicos, que, al mismo tiempo, están sujetos a la lógica del beneficio y del poder. Por lo tanto, las razones para el desarrollo de la técnica hay que buscarlas en el capitalismo, concebido como una máquina social que opera esta decodificación generalizada de los flujos:

> Las máquinas no hicieron el capitalismo, sino al contrario, el capitalismo hace las máquinas, y no cesa de introducir nuevos cortes mediante los cuales revoluciona sus modos técnicos de producción.[87]

---

[86] Gilles Deleuze y Félix Guattari, *L'Anti-Œdipe*, ob. cit., p. 276 [*El Anti-Edipo*, ob. cit., p. 240].

[87] Ibíd., p. 277 [220].

Las máquinas se forman en el cruce de una doble dimensión filogenética y ontogenética. Las máquinas técnicas son parte del *phylum* (la evolución) de las máquinas que las precedieron y de las virtualidades de las máquinas por venir. Este *phylum* no es portador de una causalidad histórica unívoca, dado que, gracias a la decodificación de los flujos, las líneas evolutivas son rizomáticas, son posibles varias bifurcaciones. Pero estas posibilidades de desarrollo relativamente indeterminadas son inmediatamente capturadas y actualizadas por la máquina de guerra del capital. Para volver a un ejemplo que ya hemos visto, el uso de la máquina de vapor por parte de la máquina social del Imperio chino fue muy limitado (juegos para niños), mientras que la máquina social capitalista convirtió esta misma invención en la piedra angular de su auge. Solo por una falta de conceptualización del capital se puede decir que las máquinas técnicas revolucionan a la máquina capitalista. La máquina capitalista diacrónica, obligada a repetidas rupturas ("crisis") para poder desplazar continuamente los límites de su valorización, "nunca se deja revolucionar a sí misma por una o varias máquinas técnicas sincrónicas".

La máquina de guerra capitalista "puede dejar a algunos sabios, por ejemplo, matemáticos, que 'esquizofrenicen' en su rincón", es decir, les permite seguir y desarrollar el *phylum* de su propia disciplina y, por lo tanto, "hacer pasar flujos de código socialmente decodificados que estos científicos organizan en axiomáticas de investigación llamada fundamental". Sin embargo, estos flujos de investigación e innovación son sometidos inexorablemente a "una axiomática propiamente social mucho más severa que todas las axiomáticas científicas, pero mucho más severa también que los antiguos códigos o sobrecódigos desaparecidos: la axiomática del mercado capitalista mundial".[88]

<hr />

[88] Ibíd., p. 278 [241-242].

Deleuze y Guattari definen precisamente la relación entre hombres y máquinas en el seno del funcionamiento de la máquina de guerra capitalista. Esta última, en un estado de crisis permanente ("se estropea continuamente"), todavía tiene necesidad de "órganos sociales de decisión, de gestión, de reacción, de inscripción, [de] una tecnocracia y [de] un burocracia que no se reducen al funcionamiento de máquinas técnicas". La "gestión" de las crisis no se realiza mediante la intervención de dispositivos automáticos, sino mediante la acción de una tecnocracia y una burocracia que actúan como subjetivación de la megamáquina del capital. En cuanto a estas crisis, que nunca son estrictamente económicas, abren la posibilidad de una guerra civil, de modo que además de los burócratas y los tecnócratas, los fascistas también pueden intervenir en ella.

La máquina de guerra nunca ha tenido un funcionamiento impersonal, incluso cuando parece funcionar automáticamente, dado que "los burócratas y los tecnócratas" son siempre adyacentes a los automatismos técnicos o sociales, listos para intervenir en caso de que "falle", política o económicamente. Políticos, tecnócratas, periodistas, soldados, expertos, fascistas, etc., son las subjetivaciones de la megamáquina, actúan como reguladores, guardianes, sirvientes, restauradores del gran flujo de dinero, de capital, de tecnología, de guerra, pero también como "gobernantes" de las divisiones de sexo, raza y clase, garantes de las servidumbres y sometimientos implicados por estas divisiones.

Las subjetividades eligen, toman decisiones, pero estas decisiones y elecciones están destinadas a establecer o restaurar el funcionamiento de la máquina. Aplican las estrategias que la máquina de guerra requiere, que la máquina implica, que impone cuando se estropea, pero que solo una subjetivación es capaz de actualizar. En un colapso como el de 2008, los "automatismos" de la economía, las instituciones, las leyes y las tecnologías se vieron impedidos de reproducir las relaciones de poder. Y en la práctica, pudimos ver que la estrategia efectúa el cierre de la multiplicidad de relaciones que constituyen la máquina capitalista.

LA MÁQUINA Y LA CAPACIDAD DE REBELARSE

Catherine Malabou se equivoca dos veces: la primera vez en *Que faire de notre cerveau?*, porque supone una diferencia de naturaleza entre lo humano (la plasticidad de su cerebro) y las máquinas (las computadoras), y la segunda vez en *Métamorphoses de l'intelligence*, que pretende corregir el trabajo anterior asumiendo una "identidad estructural" entre el cerebro y la computadora. Simondon, como Guattari, plantea el problema de manera muy diferente: para pensar el agenciamiento hombre-máquina, hay que superar el dualismo de la naturaleza y el artificio, lo humano y lo no humano, pero esto no significa que los componentes del agenciamiento tengan una "identidad estructural".

La "subjetividad" no es una propiedad exclusiva del ser humano, sino que se distribuye de manera diferente en el hombre y en la máquina. "Existe algo viviente en un conjunto técnico",[89] dice Simondon; Guattari, a su vez, no hablará de "autonomía vital" de la máquina ("no se trata de un animal"), sino de una "protosubjetividad", una "subjetividad parcial" dotada de un "poder singular de enunciación"[90] que funciona como vector de subjetivación.

La identidad estructural del hombre y la máquina implicaría que los componentes del agenciamiento técnico tienen la misma autonomía, la misma capacidad de actuar. Esto es a

---

[89] Gilbert Simondon, *Du mode d'existence des objets techniques*, ob. cit., p. 175 [*El modo de existencia de los objetos técnicos*, ob. cit., p. 143].

[90] Félix Guattari, *Chaosmose*, París, Galilée, p. 54 [*Caosmosis*, trad. Irene Agoff, Buenos Aires, Manantial, 1996, p. 48].

lo que Simondon se opone con un argumento muy político, porque se centra en una modalidad de acción muy específica: el "rechazo", la negativa.

El ser técnico es más que una herramienta y menos que un esclavo; tiene autonomía, pero una autonomía relativa, limitada, sin verdadera exterioridad en comparación con el hombre que lo creó.[91]

La *protosubjetividad* o la *subjetividad parcial* de las máquinas es, por lo tanto, diferente de la subjetividad humana, y Simondon la define por la imposibilidad de la máquina de decir no, de negarse. "La mejor máquina calculadora no tiene el mismo grado de realidad que un esclavo ignorante, porque el esclavo puede rebelarse mientras que la máquina no".[92]

Simondon no se pregunta si la máquina puede intervenir cuando ocurre una "falla", una interrupción, un desajuste de su funcionamiento o si es capaz de repararse a sí misma (convicción que, por el contrario, Malabou comparte con los cibernéticos). La máquina puede tener éxito en todas sus actividades, puede "estropearse y presentar características de funcionamiento análogas a la conducta demente de un ser vivo", pero no puede realizar una "conversión" de su subjetividad, como lo hace el esclavo que se rebela. Por medio de su rechazo, el esclavo produce "una profunda transformación de las conductas prácticas y no un desorden de conducta". Esta negativa no es una simple disfunción, sino una ruptura subjetiva que problematiza la existencia y hace posible cambiar los objetivos prácticos.

"La máquina no es autocreativa". Puede autorregularse, puede aprender, adaptarse, pero la adaptación sigue siendo

---

[91] Gilbert Simondon, *L'Individuation psychique et collective*, ob. cit., p. 271.
[92] Ibíd., p. 272.

insuficiente para dar cuenta de la autocreación que, realizándose a través de "saltos bruscos" y rupturas repentinas, implica una conversión de subjetividad que crea "nuevos posibles". Aunque la máquina puede resolver problemas, no es capaz de plantearlos y poner en discusión su "existencia".[93]

En esta teoría de las máquinas, la dominación y el rechazo no remiten a la biopolítica. Para Simondon, como para Guattari, la máquina como relación implica un concepto de "vida" que no se reduce a lo biológico, como sigue siendo el caso en Agamben o en Esposito. Si el esclavo es, como todos los seres vivientes, un *autómata biológico*, no es por estos automatismos orgánicos necesarios para la vida que rechaza y se rebela, sino a partir de su potencia a-orgánica.

> El autómata puede ser el equivalente funcional de la vida, porque la vida comprende funciones de automatismo, autorregulación, homeostasis, pero el autómata nunca puede ser el equivalente del individuo.[94]

El rechazo y la revuelta no son simples interrupciones. Los cibernéticos y Malabou creen que las máquinas cibernéticas pueden "interrumpir su propia automaticidad" y simular la subjetividad humana. Las "máquinas se rompen para reexaminar su funcionamiento" y "la reorganización después de la avería o la interrupción aumenta la eficacia de la automatización", permitiendo "alcanzar nuevos umbrales de regulación".[95] El "mercado" autorregulador, capaz de repararse y reparar el daño de las crisis económicas, sigue siendo el modelo de esta concepción de la tecnología.

---

[93] Ibíd., pp. 274-275.
[94] Ibíd., p. 274.
[95] Catherine Malabou, *Métamorphoses de l'intelligence*, ob. cit., p. 152.

Pero el esclavo "más ignorante" expresa su rechazo e interrumpe su labor de una manera radicalmente diferente. Interrumpe los automatismos que regulan su sometimiento para neutralizar su poder y no ciertamente para optimizar su funcionamiento, para lograr la homeostasis, el equilibrio. Lo interrumpe para abrir la posibilidad de la conversión de su subjetividad y así crear nuevas orientaciones y nuevas condiciones de vida contra su explotación y servidumbre. Su revuelta es a-orgánica, a-biológica. Aquí es donde entra en juego la gubernamentalidad, cuya función fundamental es prevenir, neutralizar, hacer fracasar la "revolución" y que, por lo tanto, es una política de lo a-orgánico. No es solo lo que interviene en la vida de la especie, ocupándose de la enfermedad y la salud, la vida y la muerte, sino, de una manera mucho más fundamental, lo que decide lo posible y lo imposible.

La finalidad de una máquina de guerra revolucionaria es frustrar esta articulación mediante una ruptura que suspenda las leyes de la maquinaria capitalista, especialmente la distribución de lo posible y lo imposible que implica, creando nuevas posibilidades para la acción. Para hacer posible lo que en el orden de la máquina capitalista es imposible ("¡Seamos realistas, pidamos lo imposible!"), la destrucción y la creación son complementarias, lo que significa que la máquina de guerra, para realizar la "mutación", la conversión de la subjetividad y la superación del capitalismo también debe tener por objeto la "guerra" contra el capital. Y esta "guerra" también debe liberar la máquina, indisociable de lo humano.

Una de las principales razones del fracaso de las revoluciones socialistas del siglo XX radica en la concepción y el uso de las máquinas y los trabajadores. El socialismo (y el marxismo), al igual que el capitalismo, sustancializa y materializa la multiplicidad de relaciones que constituyen la máquina técnica, haciéndola "coincidir con su estado actual, con sus determinaciones materiales". Es por eso que, si bien hacen de la tecnología un tema de la revolución ("el poder de los soviets más la electricidad"), los soviéticos nunca lograron pensar una alternativa al capitalismo. El "margen de indeterminación" de la relación hombre-máquina fue sometido a la productividad, que esclaviza al hombre, la máquina y la naturaleza. El Estado socialista se contentó con copiar el modelo capitalista *acelerando* la aplicación del taylorismo, haciendo del "trabajador stakhanovista" un apéndice de la productividad. Por lo tanto, redujo las máquinas al estado de cosas y elevó a los trabajadores al rango de "demiurgos", mientras hacía de la naturaleza un objeto de dominación.

Automatización y decisión

> Según Bergson, la creciente complejidad del organismo se debe esencialmente a la necesidad de complicar el sistema nervioso, porque la mayor complejidad del cerebro y el sistema nervioso resulta en un mayor intervalo entre acción y reacción. ¿Y en qué consiste esta complicación? *En un desarrollo simultáneo de la actividad automática y la actividad voluntaria.* No hay oposición entre estos dos órdenes de desarrollo, porque lo automático le proporciona a la voluntad el "instrumento apropiado".
>
> *Vidéophilosophie*

Simondon muestra la inconsistencia de la idea de que la máquina puede adquirir su propia autonomía simulando la vida. Desde el punto de vista de las máquinas, desde el punto de vista estrictamente tecnológico, los automatismos "puros" no existen:

> La relación adecuada con el objeto técnico debe entenderse como un acoplamiento entre lo vivo y lo no vivo. El automatismo puro,

que excluye la vida del hombre e imita lo vivo, es un mito [...]. No hay una máquina de todas las máquinas.[96]

Si existen automatismos, su naturaleza solo puede ser sociopolítica, dice Simondon, es decir, pensada y construida por la máquina de guerra. Los automatismos (normas, leyes, mercado) son siempre el resultado de una estrategia, un proyecto, una voluntad de dominación, una voluntad de poder.

Grégoire Chamayou también refuta este punto de vista en su análisis de la automatización de la guerra: "El error político sería creer que la automatización es en sí misma automática".[97] La máquina técnica puede ser automática, pero la máquina de guerra que la redujo a este funcionamiento *jamás lo es*. La automatización, en lugar de eliminar la subjetividad, el mando y la estrategia por medio de la impersonalidad del funcionamiento, aumenta su capacidad de actuar. La instalación de redes, en lugar de "descentralizar" el poder, ayuda a concentrarlo todavía más. Mientras los

teóricos de la "guerra en red" pensaban que estas nuevas tecnologías iban a permitir una cierta descentralización del mando, "en la práctica, la experiencia de los sistemas sin piloto prueba hasta aquí lo contrario". No es el "hombre" en general quien pierde el control en beneficio de "la máquina", son los operadores subalternos quienes pierden (por ahora) autonomía en beneficio de los eslabones superiores de la jerarquía. Una robotización integral reforzaría todavía más esta tendencia a la centralización de la decisión, aunque bajo

---

[96] Gilbert Simondon, *Du mode d'existence des objets techniques*, ob. cit., p. 363.
[97] Grégoire Chamayou, *Théorie du drone, París, La Fabrique*, 2013, p. 287 [*Teoría del dron*, trad. Leonardo Eiff, Buenos Aires, Futuro Anterior, 2016, p. 191].

una modalidad diferente, más discreta, más económica, pero no menos hipertrofiada.[98]

Traducir el imperativo de "seleccionar solo blancos legítimos" o "especificar un umbral de proporción aceptable entre las vidas civiles asesinadas y los beneficios militares esperables" en el programa de computadora del dron implica que "los parámetros de la decisión [deben ser] especificados, y esta especificación no es operada por el programa en sí mismo. Requiere de una elección avalada desde arriba, una decisión sobre los parámetros de la decisión –*una decisión sobre la propia decisión*–. La centralización del mando, incluso si aquel pasase ahora más por especificaciones programáticas que por órdenes, toma entonces proporciones desmesuradas". Si la máquina automática (el dron) tiene que ejecutar una tarea según la variable *Minimum Carnage*, "¿cuál será el valor correspondiente a la variable [...]? No se sabe. ¿Más de treinta civiles asesinados? OK. Pero toda esta pequeña decisión sobre la decisión, efectuada en una palabra o en un golpe de teclado, tiene efectos multiplicadores muy concretos, demasiado concretos".[99]

Estas nuevas tecnologías suprimen o desplazan los eslabones "muy imperfectos" que conectan la máquina técnica con la máquina de guerra, pero esto no significa en ningún caso una "horizontalización" de las relaciones de poder. Como pronto veremos, contrariamente a lo que creen Boltanski y Chiapello o Dardot y Laval, lo mismo sucede en una empresa y en las finanzas. Si los dispositivos automáticos les brindan a los trabajadores de la empresa la "oportunidad de escapar de la tiranía de los pequeños jefes" al eliminar algunos eslabones

[98] Ibíd., p. 299 [199-200].
[99] Ibíd., pp. 299-301 [201].

jerárquicos intermedios, los someten a un poder mucho más tiránico y mucho más temible.

El "piloto automático" implementado por los sistemas tecnológicos para acelerar las operaciones bursátiles no hace desaparecer las jerarquías y su cadena de mando, sino que fortalece su capacidad de decisión. No hay máquina de máquinas (al contrario de lo que pensaba Anders) y no hay piloto automático gobernando la empresa o la bolsa. La máquina automática centraliza aún más la decisión: en lugar de suprimirla, la exalta. Le da aún más poder a los niveles superiores de la jerarquía. Las máquinas, incluidas las automáticas, siempre dependen de un elemento exterior. Las máquinas y los humanos forman parte de agenciamientos colectivos (máquinas sociales y máquinas de guerra) que los producen y reproducen juntos. "El problema no es saber quién tiene el control, si el hombre o la máquina. Esta es una formulación que escamotea el problema. El riesgo real es la autonomización material y política de esta 'banda de hombres armados' que es, en primer lugar, el aparato de Estado".[100] En cambio, diremos que el desafío es la máquina de guerra capitalista, de la cual el Estado no es actualmente más que una articulación, y que la automatización es la realización tecnológica de la estrategia de "secesión" del capital. Estrategia que, como siempre, requiere sus subjetivaciones, sus "bandas armadas".

Las teorías aceleracionistas, pos-operistas o ciberfeministas son incapaces de explicar la relación de la decisión con la automatización, porque evitan cuidadosamente problematizar las estrategias de confrontación (de guerra civil) de la máquina de guerra capitalista de las que depende la actualización de las "posibilidades" de la tecnología y la ciencia.

---

[100] Ibíd., p. 304 [203].

Los automatismos (jurídicos, económicos, tecnológicos) nunca podrán explicar cómo y por qué se produjo la transición del fordismo al neoliberalismo, la hegemonía del capital financiero sobre el capital industrial, la gestión de la "crisis financiera, las nuevas mutaciones del fascismo". Para comprender estos giros de la historia, estas "rupturas subjetivas", debemos poner en el centro del análisis no las "posibilidades" de las tecnologías y de la ciencia, sino las rupturas estratégicas que guían la política de la ciencia y la tecnología.

Incluso se puede considerar que estas subjetivaciones son esclavas de la "máquina" social y de sus leyes, que solo están al servicio de la máquina financiera, que los diferentes Estados están sometidos a los mecanismos de la máquina de guerra del capital. Lo cierto es que, incluso en este caso, los "guardianes" de la máquina social son enemigos librando una guerra y una guerra civil contra los enemigos del funcionamiento de la megamáquina.

Simondon y Guattari desarrollaron una teoría de las máquinas muy novedosa, radicalmente opuesta a la concepción heideggeriana de la técnica. Pero, como todos los teóricos de los años sesenta y setenta, después de haber introducido la dominación, la sujeción al punto de vista estratégico, salieron a buscar soluciones improbables para la guerra en curso: Simondon enfatiza el costado creativo de la relación, como si la alienación, que sin embargo tematiza, fuera superable por el solo despliegue de la invención; Guattari, quien inventó el concepto de máquina de guerra, lo abandona en sus últimas obras. El paradigma estético que cierra su trabajo de investigación sanciona la separación entre la máquina de guerra como mutación, creación, subjetivación, y la máquina de guerra que apunta a la superación del capitalismo, que es justamente lo que se trata de recuperar.

MÁQUINA DE GUERRA Y MÁQUINA TÉCNICA EN LA ORGANIZACIÓN DEL TRABAJO

La gran empresa fue alguna vez el lugar donde podía captarse el funcionamiento del capital y su estrategia política y, al mismo tiempo, el espacio donde organizar y desplegar la lucha revolucionaria. Hoy en día, uno tiene la impresión de que solo queda una estrategia, la de los patrones, a quienes la automatización informática permite centralizar y reforzar el proyecto de separación política que las máquinas cibernéticas llevan hasta sus últimas consecuencias. La organización del trabajo parece haber cruzado un nuevo umbral de abstracción que afecta profundamente la subjetividad de los trabajadores.

Marie-Anne Dujarier describió el mando y la dirección en la organización del trabajo de la gran empresa como un "gerenciamiento a través de dispositivos", que también puede definirse como un "gerenciamiento sin gerentes", dado que estos operan "a distancia" de la producción orientando las conductas de los empleados según los principios del "trabajo abstracto", sin saber nada sobre el trabajo y los trabajadores.[101] Dujarier aplica a los trabajadores y consumidores la idea de gubernamentalidad a distancia desarrollada por Foucault a propósito de la población. Esta funciona principalmente a través de dispositivos informáticos que dictan lo que hay que hacer, cómo hacerlo, a qué ritmo, según qué procedimiento y con qué calidad. Todos estos dispositivos están diseñados y fabricados por lo que la autora denomina "planeadores", porque, por un lado, piensan y organizan el trabajo por "planes", considerando la actividad como descomponible

---

[101] Marie-Anne Dujarier, *Le Management désincarné. Enquête sur les nouveaux cadres du travail*, París, La Découverte, 2015. Todas las citas que siguen corresponden a este libro.

y recomponible según un modelo lineal y racional, y, por otro, planean por encima del trabajo concreto.

Lo que nos interesa es el concepto de dispositivo que Dujarier toma de Foucault (y de Agamben) y que vamos a desplegar a la luz de la división entre máquina técnica y máquina de guerra. Al tiempo que considera los dispositivos como cosas, objetos que median las relaciones entre los hombres, Dujarier los define como "máquinas". El "dispositivo" (la máquina) es un esclavo utilizado para producir otros esclavos (los trabajadores). En este contexto, podemos agregar que el dispositivo está construido por otros esclavos, "diplomados y bien remunerados", cuyas inteligencia, saberes y habilidades son dominados, explotados y subordinados por la máquina del trabajo abstracto a las metas del rendimiento, la productividad y la racionalidad ordenada y prescrita por la administración. En la organización del trabajo contemporáneo, la "empresa" (que puede ser tanto una planta de automóviles como una escuela, una institución que supervisa a los desempleados como un hospital, un supermercado como un tribunal) parece haber encontrado la estrategia, los dispositivos y las relaciones de poder para *realizar su separación política de los trabajadores*.

De manera contundente, Dujarier denomina a las modalidades contemporáneas de organización del trabajo "relaciones sociales sin relaciones", con lo cual quiere decir que las tareas, funciones y comportamientos son impuestos unilateralmente por la dirección a través de dispositivos concebidos por los planeadores. Estas "relaciones sociales sin relaciones" registran a la vez la extrema debilidad de los "trabajadores", su incapacidad para establecer e imponerles una relación de fuerza a los patrones, y el poder de la iniciativa capitalista que solo se encuentra con débiles resistencias, eliminadas periódicamente y con facilidad.

Los planeadores son, por lo tanto, la piedra angular de la estrategia de secesión. Su tarea es organizar la cooperación, estandarizar, prescribir, medir, controlar la fuerza de trabajo a través de dispositivos informáticos[102] que sirven para aumentar el rendimiento definido por la gerencia, estableciendo una distancia física, temporal, organizativa y afectiva respecto de la producción. Esta estrategia de "separación" fue posible gracias a la naturaleza del capital contemporáneo, que, a diferencia del capitalismo de Marx, no está orientado hacia la producción,[103] sino hacia el "valor accionario". Los criterios y la medida de la productividad de la empresa ya no están definidos por la industria, sino por las finanzas.

A diferencia de Taylor, que originalmente fue un trabajador, y de los gerentes de la era taylorista que tenían un conocimiento íntimo del trabajo industrial, los dispositivos de la gubernamentalidad a distancia son dispuestos sin saber nada sobre el trabajo y los trabajadores. Lo que los programadores, verdaderos trabajadores de la abstracción, manipulan a través de "planes", métodos y de programas son cifras, precios, números,

---

[102] En las empresas de baja intensidad en capital (escuela, tribunal, etc.), el programa operativo funciona como un capital constante, ya que decide formas de hacer, tiempos de ejecución, ritmos de la actividad, calidad de producción, etc. Mientras que en una fábrica, muchas de estas prescripciones están inscriptas en el funcionamiento de las máquinas (muchas, porque el poder incorporado en la máquina queda duplicado por el poder de la máquina social que también implica su accionar directamente sobre las personas). El software y el hardware constituyen un nuevo tipo de "capital constante", que puede calificarse de "social", dado que es una máquina universal que se conecta con cualquier tipo de actividad. Este tipo de capital social constante requiere de inversiones faraónicas, que consumen el ocho por ciento de la energía mundial.

[103] "Lo que quiere vender son servicios, y lo que quiere comprar son acciones. Ya no es un capitalismo para la producción, sino para el producto, es decir para la venta o para el mercado" (Gilles Deleuze, "Post-scriptum sur les sociétés de contrôle", *Pourparlers*, París, Minuit, 2003, p. 245 ["Posdata sobre las sociedades de control", en Christian Ferrer (comp.), *El lenguaje literario*, t. 2, trad. Martín Caparrós, Montevideo, Nordan, 1991]).

costos, estadísticas. El manejo de las abstracciones es mucho más fácil porque no remiten "a ninguna situación concreta".

Para construir esta máquina de poder, los planeadores efectúan en relación con la gestión taylorista una abstracción al cuadrado, desconectada del trabajo y los trabajadores. Uno de ellos dice, por ejemplo: "Por acá nunca escuché hablar de trabajo. Hablamos de gestión, de proceso, de *end-to-end*, de rendimiento, pero nunca de trabajo. Nunca organicé el trabajo de la gente. Actué sobre los procedimientos, las estimaciones, las desviaciones, eso es todo. Nunca tuve contacto con su trabajo". "Estoy estresado porque, de hecho, no conozco su oficio y no sé hacer nada. Conozco la maquinaria, pero no el oficio. No tengo acceso a lo que hacen. No lo siento". Los planeadores "no tienen trabajo" y aun así "dirigen el trabajo de los demás", sostiene una entrevistada. En realidad tienen un trabajo, podría decirse que *trabajan de todos los trabajos*, de extraer trabajo abstracto de cualquier actividad y de "optimizar" los "valores abstractos" que resultan de ello.

El cumplimiento de esta tarea fundamental implica una "indiferencia" a todo contenido, que se manifiesta radicalmente en la empresa contemporánea. "Trabajaba en el desarrollo de un software de producción para la marca de jamón X. Pero no sé nada sobre jamón. Tuve que trabajar en el software que les permite a los chicos seguir la línea de producción, el manejo del stock, etc. Pero nunca vi una línea de producción de jamón en mi vida".

La "distancia" respecto del trabajo no significa que el proceso de producción esté ahora en manos de los trabajadores, que la cooperación, en lugar de ser impuesta por el capitalista, exprese la autonomía de los trabajadores que han internalizado las máquinas, como mis camaradas del capitalismo cognitivo creen de manera incomprensible. En el capitalismo, la autonomía y la independencia son conquistas que hay que arrancarle e imponerle a la máquina de guerra capitalista. No tienen ninguna consistencia "ontológica". Al igual que los trabajadores "analfabetos" del siglo XIX, es *políticamente* cierto que los trabajadores contemporáneos, incluso si son cognitivos, deben afirmar su independencia y autonomía; sin rechazo del trabajo, son solo un elemento del capital ("capital humano", versión modernizada del "capital variable"), piezas simples de la máquina productiva, a disposición del "patrón".

Si bien la palabra "trabajo" está prácticamente ausente del lenguaje de los planeadores, "la medición de la fuerza de trabajo resulta por el contrario omnipresente, ya sea que se trate de su costo, calidad o valor". La prescripción y la estandarización van acompañadas de una evaluación continua y obsesiva, establecida por la gerencia y que debe ser alimentada por los propios trabajadores. La evaluación y los dispositivos tienen como objetivo medir lo no mensurable, transformar la calidad en cantidad, hacer surgir la cantidad de la calidad. Lo que es imposible de medir es el "trabajo vivo", no el trabajo abstracto. Los planeadores son completamente conscientes de que el "trabajo real" es irreductible al "trabajo prescrito", que en la operatividad de la acción, "lo impreciso, lo incierto, lo ilógico y lo no racional" son indispensables para la finalización de cualquier trabajo. Saben perfectamente que la abstracción no hace desaparecer el trabajo concreto o vivo, dado que el "trabajo abstracto" se extrae de él. Oponer el "trabajo real" al "trabajo prescrito", el "trabajo vivo" al "trabajo abstracto" sin un "rechazo del trabajo", sin una afirmación de la hostilidad al capital, es una estrategia política que no tiene posibilidades de tener éxito, dado que la dialéctica de dos términos está incorporada a la organización del trabajo.

EL VAMPIRO DE LA SUBJETIVIDAD

El funcionamiento de la máquina de guerra (al igual que el de la máquina técnica) es inseparable de la intervención de diferentes subjetividades. El capital necesita succionar subjetividad como el vampiro necesita sangre. La empresa capitalista contemporánea muestra claramente que el automatismo de los dispositivos no es en sí mismo automático, que tiene necesidad de ser pensado, fabricado, mantenido y aceptado por una multiplicidad de subjetividades, "esclavas" en grados diferentes, pero que, todas ellas, participan de este proceso, que al mismo tiempo somete la máquina técnica y la humana a la maquinaria de la empresa.

Primero, el dispositivo "automático" debe encajar en los planes estratégicos de la empresa y ser puesto al mando de los planeadores por el directorio de la empresa (decisión, acto subjetivo). Luego, debe ser desarrollado por los planeadores, que traducen en tecnologías, signos, procedimientos y protocolos los deseos de la junta directiva y de la administración. A los administradores a distancia les sigue el personal operativo, que se encarga de hacer que el dispositivo funcione en la producción y de mantenerlo, mejorarlo y adaptarlo a la contingencia de la situación de los trabajadores (órdenes directas para las personas). El trabajo abstracto no se impone al trabajo concreto como un destino, nunca es la inversión de la actividad de los hombres en la acción impersonal de las cosas; resulta de una estrategia estudiada por la gestión que moviliza diferentes subjetividades y agencia a cada paso máquina y hombres, humanos y no humanos (máquinas, signos, procedimientos).

La propia dirección está organizada según una estricta división del trabajo, que somete la subjetividad del planeador a una reducción, mutilación y explotación que en muchos aspectos es equivalente a la impuesta a los trabajadores asignados a la producción. Los planeadores son parte del personal de dirección. Sin embargo, "se describen sobre todo como 'engranajes' de la gran máquina productiva" y "hablan de sí mismos como trabajadores dominados, reificados, manipulados y obedientes": viven como "dominantes dominados", que es tal vez la definición más esclarecedora y precisa. Sin embargo, constituyen una articulación de un nuevo tipo de "jefe" compuesto de diferentes funciones. Dujarier enumera siete: "propietarios privados o públicos, miembros de la junta directiva, gerentes asalariados, planeadores especializados, cuadros de proximidad, intermediarios financieros y, finalmente, prestatarios de productos de gestión". Diferentes lógicas animan las funciones de dirección y sus subjetividades, pero las "articulaciones" entre ellas y los "arbitrajes", las decisiones, las elecciones estratégicas, son responsabilidad de la "dirección general", como en las empresas del pasado. La centralización del poder sigue siendo la ley de la producción capitalista, que pasa, sin ninguna contradicción, por la "descentralización".

El desarrollo de programas de gestión está a su vez sujeto a una división del trabajo altamente jerárquica (en la "gestión en tramos", cada uno cumple una tarea especializada que puede realizarse sin controlar la totalidad del proyecto), ordenada según una estrategia que los programadores conocen y dominan parcialmente ("¡Soy un peón! Un ejecutor", "Me dan un *guideline* y yo obedezco"). Estos trabajadores de la abstracción, productores de "plataformas" que pueden adoptar miles de formas (terminales interactivas, sitios web, sistemas de información, etc.), trabajan a ciegas en relación con tres instancias: frente a las estrategias de la compañía, frente al trabajo que organizan, frente a la construcción de los propios dispositivos, de los cuales conocen y controlan solo una parte.

La inteligencia, los saberes y el saber-hacer están sujetos a la acción de la máquina de guerra del trabajo abstracto que dicta qué saberes, qué competencias deben movilizarse, en qué contexto, para qué fines. Los planeadores no tienen "tiempo para leer, pensar, tomar distancia" respecto de su trabajo. Para "cumplir su rol" deben evitar "pensar en ciertas dimensiones de su función", de la misma manera en "que un trabajador que trabaja en la cadena deja de hacerse preguntas sobre su situación para lograr mantener su puesto". La inteligencia, la creatividad y la invención se ejercen solo dentro de los límites establecidos por la máquina de guerra de la empresa. Los "saberes" son seleccionados y formateados por las exigencias de la producción de valor. "Por eso se les exige, incluso se les exige demasiado, pensar dentro de un marco", el de la racionalización y cuantificación del trabajo abstracto. "Por otro lado, no pueden pensar el marco en sí", los objetivos y modalidades del ejercicio del trabajo abstracto, "sin correr el riesgo de la ineficacia y la exclusión profesional". La máquina de la empresa produce una disociación y un adiestramiento de la inteligencia de los planeadores: "una parte queda afuera del marco, llena de impedimentos y restricciones, y la otra está metida en el interior del marco, brillante, rápida, combinatoria, capaz de creatividad, de virtuosismo abstracto, [pero] socialmente dividida, prescrita, jerárquica y regulada".

La inteligencia de los planificadores es en el fondo la de la máquina de guerra del capital, de la cual son a la vez agentes y víctimas. El saber no proporciona ninguna autonomía e independencia si no rechaza el "marco" dentro del que funciona, si no interrumpe, si no detiene la producción de la cual constituye solo un engranaje. Solo bajo estas condiciones podrá el *General Intellect* ser sustraído a la lógica de la producción de valor capitalista, contrariamente a lo que pretenden las teorías del "capitalismo cognitivo" (neuronal, computacional, etc.), que confunden "saber" y "poder" de la misma manera que la socialdemocracia de la primera mitad del siglo xx. Esta "no llegó a penetrar el doble sentido de la consigna *saber es poder*. [...] Opinaba que el mismo saber, que corroboraba el dominio de la burguesía sobre el proletariado, capacitaría a este para liberarse de dicho dominio. En realidad se trataba de un saber sin acceso a la praxis e incapaz de enseñar al proletariado en cuanto clase acerca de su situación; esto es, que era inocuo para sus opresores".[104] El proletariado necesita de un saber completamente diferente para afirmar su autonomía política, un saber de las luchas.

La implementación de dispositivos informáticos, su mantenimiento, su adaptación y su optimización requieren la movilización de otras subjetividades: la intervención de diferentes funciones de la dirección (especialistas en cambios en el comportamiento, controladores de gestión, programadores, consultores, auditores, instructores, proveedores de servicios, certificadores privados) y de los propios trabajadores, de modo que lo que se despliega nunca es un automatismo, sino un agenciamiento hombres-máquinas.

Además, el mantenimiento de los dispositivos toma un lugar cada vez más grande e implica quitarle más y más tiempo a la producción ("se calcula que el tiempo dedicado al mantenimiento de los dispositivos, tomado a expensas del tiempo de trabajo productivo, sea por lo menos de un 5% para el personal operativo, un 50% para los cuadros de proximidad y casi un 90% para las sedes centrales"). La intensificación del trabajo abstracto toma la forma de un dispositivo que obliga al trabajador a proporcionar, además del trabajo "productivo", un trabajo creciente de "antiproducción", para hablar como Deleuze y Guattari, trabajo que, incluso en estas nuevas modalidades, continúa aborreciendo a los trabajadores, dado que "desde el punto de vista de la actividad, el encuadre por medio de dispositivos produciría numerosos procesos de contrarrendimiento". El control por medio de algoritmos produce en los trabajadores "la constatación

---

[104] Walter Benjamin, "Eduard Fuchs, collectionneur et historien", *Œuvres III*, trad. al fr. R. Rochlitz, París, Gallimard, 2000, pp. 181-182 ["Historia y coleccionismo: Eduard Fuchs", en *Discursos interrumpidos I*, trad. Jesús Aguirre, Buenos Aires, Taurus, 1989, pp. 97-98].

periódica de los 'despilfarros', la ineficacia y la ineficiencia de los dispositivos". "Les cuesta entender por qué su empleador gasta tanto dinero e ingenio para desalentar el trabajo".

En realidad, desde un punto de vista capitalista, este dinero está muy bien gastado porque –esta es la tesis más innovadora de Dujarier– hay un desplazamiento del centro de la actividad de los trabajadores. Los dispositivos, "además de constituir una automatización parcial de la producción, [...] automatizan también el trabajo de organización". Sin embargo, a diferencia de lo que pasaba en el taylorismo, la abstracción no debe suprimir toda actividad (el trabajo vivo o real) al reducirla al estatus de simple ejecución, debe desplazar la actividad para "centrarla en la máquina gerencial misma", es decir, en última instancia, en la máquina de guerra. Los planeadores "no quieren que los trabajadores dejen de sentir, pensar, significar"; apelan, por el contrario, "a la autonomía, a la personalidad, a la creatividad de cada uno, para que estas facultades se ejerzan 'más allá' de la máquina para corregirla, arreglarla, adaptarla en función de situaciones locales". "La apelación a la autonomía en un contexto en el que parece haber desaparecido en realidad señalaría un desplazamiento: la actividad estaría menos orientada hacia la producción que hacia al mantenimiento del dispositivo en sí", el mejoramiento de la máquina gerencial productora de "trabajo abstracto".

Tildar casillas, completar grillas de evaluación, detallar lo que se hace de la manera más precisa, participar de reuniones para aprender a hacer que la máquina de poder funcione en tanto que poder: todas estas actividades son actualmente transversales al obrero industrial, al profesor universitario, al personal de un hospital, de un tribunal, de una institución de asistencia a los pobres. Hacer que el dispositivo mismo se mantenga en marcha constituye también lo esencial del trabajo impuesto a los trabajadores precarios de "plataformas".

Para una empresa como Uber, el servicio de transporte de personas tiene menos importancia que la recopilación de datos y las evaluaciones que los conductores y los clientes deben proporcionar, incluso a pesar suyo.

Cada eslabón de la jerarquía requiere un tipo de sometimiento específico, capaz de animar la relación hombres-máquinas, pero se supone que todos deben rendirle cuentas a la máquina del trabajo abstracto. Definir estas actividades de control y dominación como parásitas e inútiles sería ignorar la realidad del capitalismo, que no es solo "producción", sino también poder. Y como siempre, la producción y reproducción de las relaciones de poder requiere técnicas, tiempo, inversiones y un número indefinido de "lacayos".

El análisis de la gran empresa propuesto en el libro de Dujarier cubre solo una parte de las transformaciones que la reconfiguraron por completo. Me gustaría recordar otros dos, basándome en la experiencia italiana, donde la iniciativa del capital es aún más avanzada y la debilidad de los "trabajadores" aún más fuerte que en Francia.

En una empresa histórica de construcción naval donde el poder de los obreros comunistas era algo bien concreto (cuando Josip Broz Tito fundó la Yugoslavia socialista, 3000 trabajadores de estos astilleros, que se encontraban en la frontera, entraron al país para construir el "socialismo" en los astilleros navales yugoslavos), se pasó de 12000 trabajadores a 1200. Dentro de estos 1200 empleados, los obreros son minoría, dado que su trabajo fue tercerizado a subcontratistas, que posteriormente lo tercerizaron a favor de otros subcontratistas. Los trabajadores de estos diferentes niveles de subcontratistas pertenecen a una decena de nacionalidades diferentes (por ejemplo, 2000 son de Bangladesh). Los derechos y la seguridad disminuyen a medida que se desciende en la jerarquía de subcontratistas. Las divisiones por ingresos, estatus y "raza" eliminan todo "poder de los trabajadores".

Los dueños de las grandes compañías italianas están implementando lo que siempre soñó el Movimiento de Empresas de Francia (Medef)[105]: el *welfare* de la empresa reemplaza gradualmente al *welfare* "universal", multiplicando y reforzando las divisiones dentro de la fuerza de trabajo. Así, la condición de la fuerza de trabajo de la gran empresa parece retrotraerse a los comienzos de la industrialización, cuando el patrón paternalista se ocupaba de la vida de los trabajadores desde el nacimiento hasta la muerte (otra transformación de la biopolítica europea que Foucault pasó por alto). Los trabajadores metalúrgicos, la punta de lanza del movimiento sindical de la posguerra, fueron aún más lejos al aceptar un acuerdo sectorial que, al verse venir un *welfare* "corporativo" para los trabajadores del sector, firmó la sentencia de muerte del "modelo europeo" y la creciente influencia del modelo estadounidense.

LA EMPRESA COMO ORIGEN Y FUENTE DEL NIHILISMO

El estudio de Dujarier afirma, sin extraer todas las consecuencias, los peligros mortales que la máquina de guerra capitalista conlleva para las subjetividades que modela y los peligros a los que expone a la sociedad y al mundo. La capacidad de tratar cualquier actividad como trabajo abstracto, es decir,

---

[105] Los empresarios sueñan con un "nuevo capitalismo" en el que los ahorros de los empleados y de la población, fondos de pensiones, seguros de salud, etc., "al gestionarse en un universo competitivo, volverían a ser una función de la empresa". En 1999, Denis Kessler (número 2 de Medef) estimó en 2600 millones de francos (150% del presupuesto estatal) el botín que representaban los gastos sociales para las empresas de servicios. La privatización de los mecanismos de seguridad social, la individualización de la política social y el deseo de hacer de la protección social una función de la empresa son el núcleo del proyecto de destrucción del "modelo europeo".

de extraer de toda actividad lo cuantificable, determina una "indiferencia" radical a cualquier contenido, a cualquier valor de uso. Las consecuencias de esta "abstracción" son formidables, dado que la acumulación de capital es indiferente a todo, excepto a los límites cuantitativos que debe superar constantemente.

Los planeadores no perciben estos peligros. Por el contrario, la abstracción produciría sobre ellos un efecto "lúdico": al perder toda relación con la singularidad de las situaciones y las subjetividades, ven la capacidad de descomposición y recomposición de los gestos, las tareas y las conductas como un "juego". Así relata Dujarier el entusiasmo de un especialista en gestión de recursos humanos por el anuncio de una nueva misión, que consistirá en "despedir a quinientas personas en tres meses sin hacer olas". Para él, es "un hermoso desafío". Dice estar "excitado" y "ansioso por comenzar este trabajo", que se presenta como una ecuación delicada a resolver en la que podrá desplegar su inteligencia y su talento: "No se gana nada; es divertido como desafío". Pero esta relación "divertida", "lúdica", "entretenida" o "genial" de los planeadores con su actividad esconde una relación más violenta y peligrosa con el mundo y con los otros.

El proceso de selección/fabricación de una inteligencia hiperobediente en el marco de la racionalización y de una inteligencia limitada, frustrada y reprimida en cuanto a la posibilidad de discutir este mismo marco ya ha demostrado su utilidad durante las dos guerras mundiales, en las que la organización del trabajo alcanzó una intensidad y una extensión hasta entonces desconocidas. El exterminio industrial de los judíos durante la Segunda Guerra Mundial fue solo el resultado más innoble de la racionalización capitalista, cuyas condiciones de posibilidad se encuentran reproducidas, sin grandes diferencias, en la organización contemporánea del trabajo. "No ver" no fue una actitud excepcional, exclusiva de los nazis. El negarse a ver las consecuencias de aquello en lo que estamos metidos está profundamente arraigado en la organización científica del trabajo. Es constitutivo de su funcionamiento y de sus leyes. Los testimonios de los trabajadores contemporáneos de la abstracción son abrumadores a este respecto.

Para construir una carrera hay "una regla indispensable: evitar, en la medida de lo posible, evocar la dimensión concreta de los símbolos que manejamos a diario". Los planeadores "no necesitan saber qué hay detrás de las cifras", porque si comienzan a hacer y a hacerse preguntas, el trabajo se ralentiza y ponen en riesgo su carrera. "No tengo idea del impacto que tengo en la realidad del trabajo de las personas que van a utilizar este sistema. No me planteo la pregunta [...]. Cuando vendemos *change management*, aplicamos una cosa genérica a una organización, sin preguntar si tiene sentido o no. Es necesario no preguntarse nada para poder continuar". Para mantener la abstracción, es esencial permanecer indiferente a todo lo que no sea racionalización, productividad, rendimiento. Para escapar de la realidad y contribuir a la "construcción social de la indiferencia", los planeadores inventan técnicas: "Trato de apurarme para no estar allí, para escapar de lo real, para no pensar. Cuando acelero, no recuerdo nada. Acelerar es evitar sentir".

La organización del trabajo capitalista produce criminales en potencia que, como los nazis durante el juicio de Núremberg, no se sentirán responsables por el resultado ni por su compromiso con la "producción" porque para ellos, como para el capital, toda producción vale lo mismo, siempre y cuando sea eficiente, esté racionalmente organizada y cumpla con los criterios de cuantificación y calculabilidad. Al igual que los nazis, todos podrán repetir: "Cumplimos con nuestro trabajo", "Obedecimos órdenes". Actúan en y para una máquina de guerra de la que son actores y víctimas a la vez. No es el sueño de la razón lo que produce monstruos, sino la organización "pacífica" del trabajo que ha franqueado otro umbral en la construcción social del nihilismo.

La tesis de Günther Anders parece seguir gozando de actualidad. Se puede aplicar fácilmente a las últimas generaciones de trabajadores intelectuales (o cognitivos). Los cambios en la organización del trabajo no alteraron la responsabilidad de la empresa capitalista en la producción de comportamientos y subjetividades "irresponsables". Los planeadores están expuestos a los mismos peligros que los perpetradores de crímenes nazis, quienes "no se habían comportado de manera diferente de cómo estaban acostumbrados a hacerlo en sus empresas de trabajo, que los había marcado".[106]

Para cualquier empresario, es absolutamente "indiferente" producir automóviles, yogures, eventos deportivos, edificios o la salud de la población. Esta indiferencia hacia el contenido y la finalidad del producto influye en el trabajo, que también debe hacer abstracción de cualquier valor de uso. La empresa capitalista exige el "compromiso total" del trabajador, que nunca debe sentirse preocupado por la finalidad de su producción. Establece una separación entre la *producción* y el *producto*: "El estatus moral del producto (por ejemplo el del gas tóxico o el de la bomba de hidrógeno) no echa ninguna sombra sobre el estatus moral de quien, trabajando, participa en su producción". No se considera como posibilidad la idea de que "el producto en el que se trabaja, por más reprochable que sea, puede infectar al trabajo".[107] El trabajo, como el di-

---

[106] Günther Anders, *L' Obsolescence de l'homme. Sur l'âme à l'époque de la deuxième révolution industrielle*, trad. al fr. C. David, París, L'Encyclopédie des nuisances, 2002, p. 320 [*La obsolescencia del hombre. Sobre la destrucción de la vida en la época de la segunda revolución industrial*, trad. Josep Monter Pérez, Valencia, Pre-Textos, 2001, p. 274].

[107] Ibíd., p. 322 [275].

nero del cual es la condición, "no tiene olor". "Ningún trabajo será desacreditado moralmente por lo que produce".

El hombre que trabaja hizo la "promesa secreta" de "no ver, por lo tanto, no saber lo que hace", "permanecer ciego respecto a la finalidad", "no tratar de averiguar lo que hace". Como se ve en el ejemplo de los planeadores, el "saber" de las consecuencias no es necesario para trabajar. Por el contrario: "Su no saber es deseable por el interés de la empresa. Sería falso suponer que tuviera necesidad de saber. De hecho, al menos en el acto de trabajar mismo, la visión de la finalidad (o incluso el uso que se hará de esta finalidad, que de todas maneras ya se encuentra 'pre-visto'), sería completamente inútil, incluso dificultaría su trabajo".[108]

La empresa contemporánea trata de paliar el nihilismo que inevitablemente genera inventando una "ética", pero el entorno "moral y moralizante" en el que se envuelve el discurso gerencial ("desarrollo sostenible", "diversidad", "paridad", "ventajas", "ciudadanía", etc.) no corresponde a nada, porque su única ley es la de la ganancia, es decir, la de la indiferencia ética.

Los hombres son entrenados para la "colaboración" no por una ideología, sino por agenciamientos, dispositivos, prácticas, sujetamientos que no se reducen a los del trabajo. Hoy, el consumidor se encuentra en la misma posición de "colaboración". No deberían cuestionarse las modalidades de fabricación del producto (¿uso de pesticidas?, ¿explotación de trabajadores, niños y esclavos?), ni las consecuencias que la fabricación y el consumo tienen sobre el planeta. El consumo ya no tiene más "olor" –al igual que el trabajo, sirve en realidad para producir dinero–. Así, en comparación con la época de Anders, el problema de la "colaboración" ha empeorado mucho más, porque

---

[108] Ibíd., p. 325 [277].

si el trabajador es indiferente al *producto*, el consumidor es indiferente a la *producción*. Lo que debe cuestionarse no es solo la finalidad del producto, sino también las condiciones de la producción y del consumo, que contienen a la vez las razones de la explotación y las razones de la catástrofe ecológica. Si no quiere fracasar, la lucha ecológica debe presuponer la neutralización de la indiferencia inscripta en la producción y el consumo capitalista. La indiferencia no es un rasgo psicológico, sino una condición objetiva y subjetiva de la producción de capital.

El capital financiero, el auténtico "director general" de la compañía, logra llevar a cabo el proceso de abstracción y creación de indiferencia, dado que los financistas solo conocen y manipulan la abstracción del dinero sin preocuparse por el valor de uso de la producción. Las "abstracciones" de la cotización en la Bolsa generan modalidades de subjetivación cuyo aumento acelerado puede conducir, como ya lo ha hecho la abstracción del valor industrial, a nuevas subjetivaciones fascistas.

El surgimiento de nuevos fascismos crea las condiciones para una evolución verdaderamente "criminal" de esta indiferencia, como podemos constatar cuando la muerte de miles de migrantes en el Mediterráneo se encuentra con la apatía de las poblaciones europeas. La asombrosa velocidad con que la democracia puede transformarse en fascismo tiene sus raíces en la ceguera producida por la división del trabajo y el consumo, que, en grados diferentes, afecta a todos. El "no ver", el "no sentir", se extendió por Europa sin tener que enfrentarse con mayores obstáculos.

¿DESPERSONALIZACIÓN O GUERRA DE CLASES?

La fuerza de las "máquinas" en la organización del trabajo radicaría en la automatización que *despersonalizaría* las relaciones de poder al inscribirlas en las tecnologías digitales y en los algoritmos que las hacen funcionar. Pero la despersonalización es bastante relativa, ya que lo que está en juego todo el tiempo es una lucha de clases cuyo objetivo es, precisamente, hacer emerger, bajo los automatismos de los dispositivos, la estrategia y, bajo la técnica, la voluntad de dominación de ciertas "personas" (los jefes) sobre otras (los trabajadores).

En las grandes concentraciones industriales, la realidad de las relaciones de poder no siempre ha sido tan "pacífica" como desde la década de 1980. Las relaciones no siempre tuvieron la forma de la gubernamentalidad. En los años sesenta y principios de los setenta, una "guerrilla obrera" animaba las relaciones de poder, si bien el gerenciamiento y la tecnología se manifestaban como dominación y represión. El surgimiento y la consolidación de "máquinas de guerra" obreras tuvieron la capacidad de "revelar" la subjetividad del mando que se escondía detrás del automatismo de la línea de montaje, de nombrar la voluntad de poder que anidaba en la impersonalidad de la técnica. El conflicto dentro de la fábrica se había convertido en una confrontación estratégica entre adversarios y solo podía terminar con la victoria de un grupo (los capitalistas) y la derrota del otro (los trabajadores).

El *relato* (Foucault, Chiapello-Boltanski, Dardot-Laval, etc.) del advenimiento de la gestión "humanista" de las fábricas y la gobernanza "pacificada" de la sociedad es, por lo tanto, falso. La idea de que el "nuevo espíritu del capitalismo" habría tenido la capacidad de integrar las críticas a su organización, incorporando la autonomía, la independencia, la autoafirmación, la libertad reclamada por las luchas de los años sesenta en una nueva organización del trabajo, solo revela los deseos políticos de sus autores. En realidad, se trata de un gran error de perspectiva ya que se le aplica al neoliberalismo la lógica de la dialéctica "reformista" de los Treinta Gloriosos (de los cuales estos autores son huérfanos nostálgicos), mientras que su proyecto es completamente distinto: negación radical de todo reformismo, imposición de "relaciones sociales sin relaciones", búsqueda sin ambages de la secesión política del capital y de su propiedad.

Si tomamos en consideración la economía mundial, *la única dimensión desde la cual puede juzgarse un fenómeno de poder*, podemos decir sin lugar a duda que esta modalidad de gerenciamiento "humanista" no comprende más que a una ínfima minoría de empresas: el "trabajo creativo" de Silicon Valley (y nada más). Esto no es una novedad en absoluto, dado que, como hemos visto, desde el comienzo de la Guerra Fría, la producción de ciencia y tecnología bajo la dirección de las fuerzas armadas estadounidenses se hizo en la cooperación y la convivencia interdisciplinaria. El nuevo espíritu del capitalismo nunca se ha materializado en las grandes empresas, donde, por el contrario, se han multiplicado los suicidios, las humillaciones, las restricciones, la depresión, el *karoshi* (muerte por sobredosis de trabajo), como ocurre en China, Corea y Japón. Los "resultados concretos" de la gubernamentalidad en las empresas y la sociedad son angustiantes y deberían ilustrarnos sobre aquello a lo que verdaderamente conduce: al triunfo del capital y su proyecto de separación. A sus críticos les cuesta contemplar la vía que está adoptando, que lo retrotrae, como en Brasil, a sus momentos inaugurales.

Los cambios en la organización del trabajo y la sociedad remiten a rupturas, discontinuidades y estrategias que "vuelven descifrables los eventos históricos". La clave de los acontecimientos históricos de fines del siglo XX es el "triunfo en la lucha contra las clases subalternas". En contra de los análisis que explican los cambios a través de la creatividad, la autonomía y la independencia del trabajo (o su recuperación por el capital), la advertencia de Benjamin contra la socialdemocracia sigue teniendo una actualidad candente. "Barruntando algo malo", con Marx y Benjamin, debemos objetar "*que el hombre que no posee otra propiedad que su fuerza de trabajo, tiene que ser esclavo de otros hombres [...] que se han convertido en propietarios"*.

Hans-Jürgen Krahl, también considerado un teórico de la mutación del trabajo intelectual, sugiere, siguiendo las intuiciones de Benjamin, que no deberíamos contentarnos con considerar a la clase trabajadora como "productora de capital", sino también como una fuerza "destructora de capital". Esta segunda función es ignorada por las teorías marxistas contemporáneas (especialmente por la teoría del capitalismo cognitivo) que miden la acción revolucionaria del trabajo a partir de su "productividad", su creatividad, su "autonomía". La idea de "fuerza destructora" desplaza el economismo que a menudo afecta al marxismo a un terreno estratégico, radicalizando, a fines de los años sesenta, el concepto de "trabajo como no capital" (*Die Arbeit als das nicht-Kapital*) y el concepto de Mario Tronti de "rechazo político del capital". La acción revolucionaria es *destrucción* de la relación de poder capitalista que engendra al mismo tiempo al patrón y a los obreros. Pero el postoperismo apuesta por lo contrario: abandona el punto de vista estratégico de los años revolucionarios, exaltando la "fuerza productiva" y expulsando toda negatividad de la acción de la fuerza de trabajo. Según él, la derrota histórica de la clase trabajadora habría dado origen, en realidad, a una victoria de la fuerza de trabajo, porque la empresa capitalista "ya no es capaz como antes, al menos en los países dominantes, de centralizar las fuerzas productivas e integrar la fuerza de trabajo dentro del capital".[109]

Esta descripción de las relaciones de fuerza entre clases es contraintuitiva; la realidad parece funcionar exactamente al revés, especialmente en las empresas y en el mercado la-

[109] Ver Michael Hardt y Antonio Negri, *Commonwealth*, ob. cit., especialmente la quinta parte y más precisamente el apartado titulado "El uno se divide en dos".

boral, como hemos demostrado anteriormente. Pero en la producción biopolítica contemporánea, nos dicen estos teóricos, la fuerza de trabajo, a diferencia de la producción industrial, "muestra su autonomía, su capacidad creciente para organizar redes y formas de organización […] su capacidad creciente para autogestionar la producción", mientras que el capital se redujo a un puro poder de mando, que "debilita la productividad", bloquea la potencia de producción de los trabajadores cognitivos.

Como la separación, la autonomía y la independencia ya han sido realizadas por la fuerza de trabajo, no hay necesidad de ejercer su "fuerza destructora" ni subjetivarse como clase política. La fuerza de trabajo es "en sí" autónoma y separada. El capital, "incapaz de integrar la fuerza de trabajo",[110] se divide en dos subjetividades antagónicas, dos figuras subjetivas que se oponen de manera radical, previamente a cualquier conflicto, a cualquier ruptura política. Estamos sin saberlo en una situación de doble poder. En la producción industrial, la ruptura revolucionaria es necesaria para que el "uno se divida en dos"; en la producción biopolítica, el "uno se divide en dos" antes de cualquier acción "destructora".

El abandono del punto de vista estratégico del primer operismo, la insistencia en el poder afirmativo de la fuerza de trabajo necesitan un fundamento diferente al de la discontinuidad de la confrontación a partir de la relación de dominación capitalista. Bajo la guerra de clases, bajo la lucha siempre singular, hay una filosofía de la historia que se fue por la puer-

---

[110] El postoperismo no ve que lo que considera una incapacidad de integración es una elección política de separación realizada por el capital, una separación muy real, como señalamos anteriormente, tanto al nivel de la empresa como a un nivel más general. La fuerza de trabajo no va a integrarse al capital, pero no a causa de su poder, ¡sino de su inmensa debilidad! La no integración no significa "autonomía" e "independencia", sino trabajo servil.

ta y volvió por la pequeña ventana del "progreso" de la fuerza de trabajo. El historicismo, en principio negado, se encuentra de hecho completamente asumido cuando se afirma que el trabajador cognitivo, a diferencia del de las plantaciones y el de la gran industria, posee una "autonomía cognitiva" que el capitalista se ha visto obligado a aceptar y con el que está obligado a negociar. La historia de la fuerza de trabajo no parece tener la finalidad y el sentido que se le atribuye, ni avanzar linealmente hacia su realización: el trabajador cognitivo. Tanto el esclavo como el obrero industrial manifestaron un poder político atacando la relación de subordinación a través de una "fuerza destructora" que los "trabajadores cognitivos" son incapaces de movilizar precisamente porque perdieron toda negatividad, porque son en primer lugar "producción", "cooperación", "fuerza de invención".[111] La "negociación" (o, más probablemente, la negativa a negociar, dado que el neoliberalismo es precisamente un antirreformismo, ¡no se negocia nada!), de ninguna manera se basa en la autonomía cognitiva, sino en la ruptura política, la sublevación, el ejercicio de la fuerza destructora, como lo han demostrado todos los movimientos políticos desde 2011, y aún más recientemente los chalecos amarillos en Francia.

---

[111] Este punto de vista "productivista" es llevado hasta sus últimas consecuencias por Roberto Ciccarelli (*Forza lavoro, il lato oscuro della rivoluzione digitale*, Roma, DeriveApprodi, 2018), que hace de la fuerza de trabajo una expresión de la "productividad del ser". Giso Amendola realiza este comentario: "Así como la sustancia espinoziana es una causa inmanente de los modos infinitos que la expresan pero no la agotan, la fuerza de trabajo siempre está completamente presente en su esfuerzo productivo, un *conatus* que nunca se agota y 'determinado' por sus productos particulares" ("Il motore invisibile. Virtualità e potenza della 'forza lavoro'", *Opera Viva*, 26 de febrero de 2018. Disponible en: https://operavivamagazine.org/il-motore-invisibile). El conflicto viene después y, por supuesto, representa una complicación. En cualquier caso, es el "bloqueo de la productividad" del ser lo que suscitaría el conflicto.

La fuerza destructora no solo debe apuntar a los "amos", sino también a los "esclavos" y a sus actividades, las cuales deben dejar de identificarse con la forma de la "productividad", del "trabajo" y del "consumo", demasiado cerca del poder del que uno querría deshacerse. La fuerza destructiva también debe ser convocada porque en la realidad no hay una "doble producción de subjetividad" que separe claramente la fuerza de trabajo del capital. Sin una ruptura revolucionaria, los trabajadores (al igual que todo el mundo) están atrapados en relaciones de poder que, en lugar de tener la forma del antagonismo, toman la forma de la complicidad, la colaboración, la participación en el gran desastre de la producción capitalista. La fuerza destructora no solo tiene por función neutralizar la dominación del capital, sino también crear las condiciones para una conversión de las subjetividades, para un cambio de sus modalidades de cooperación y de acción, dado que incluso las formas de resistencia llevan todavía la marca del enemigo.

Por lo tanto, la categoría de trabajo destructivo nos parece mucho más prometedora que el concepto de trabajo productivo al cual el marxismo le ha consagrado ríos de tinta. Tanto más cuando este poder de destrucción no se limita, según Krahl, a los trabajadores, sino que se amplía a todos aquellos que contribuyen a esta actividad "ética". Solo a partir de este carácter "destructivo" podremos volver a pensar la ruptura y la revolución.

3. Devenir revolucionario y revolución

Pero el problema es la revolución![112] La palabra "revolución" desapareció de los programas políticos y de las reflexiones teóricas, mientras que durante todo el siglo XIX y hasta los años sesenta fue lo que le permitió al movimiento obrero tener la iniciativa y mantener una ventaja estratégica por sobre el capital.

El siglo XX ha sido el siglo de las guerras, de las guerras civiles y de las revoluciones. Desde 1905 en Rusia hasta la revolución en Irán (1979) y en América Central (1990), pasando por México (1910), Europa después de la Gran Guerra (Alemania, Italia, Hungría, etc.), China (1949), Asia (1954, etc.), África (1962, etc.), América del Sur y América Central (Cuba, etc.) y el 68 (México, Francia, Checoslovaquia, etc.), el planeta experimentó una seguidilla de levantamientos y revoluciones inéditas en la historia de la humanidad.

---

[112] El libro *Guerres et Capital*, escrito en colaboración con Éric Alliez, fue concebido como la primera parte de un proyecto cuya segunda parte estará centrada en el concepto y la realidad de la revolución. Aquí presento algunas de las hipótesis que atraviesan el libro en el que estamos trabajando.

En el siglo XIX, todas las tentativas revolucionarias tuvieron lugar en Occidente y todas fracasaron. Peor aún, terminaron en masacres, como la de la Comuna de París, que tuvieron su impacto en el imaginario de los proletarios y de los cuadros del movimiento obrero. Para la burguesía, la "capital del siglo XIX" no podía ser de ninguna manera el teatro de una experiencia revolucionaria.

La ruptura operada por Lenin con esta tradición consistió en la construcción de un partido (según el modelo jerárquico de la fábrica, dirá Max Weber), de un tipo de subjetividad militante (el "revolucionario profesional") y de un método (la conciencia de clase aportada desde afuera por una vanguardia) cuya finalidad era la toma del poder. Dado que los deseos y los proyectos revolucionarios rompían contra dos escollos principales –el poder y la guerra–, Lenin dio una respuesta que resultó ser muy eficaz: tomar el poder transformando la guerra imperialista en una guerra de clases a partir de un sujeto concebido como autónomo, la clase obrera atravesándose en el curso de la historia (o historicismo).

Pero hubo dos cambios decisivos que volvieron impracticables las respuestas leninista y maoísta a la pregunta "¿Qué hacer?". Primero, las nuevas modalidades de guerra total y guerra civil, las cuales, prolongándose en el New Deal y la Guerra Fría, diseñaron un nuevo capitalismo que los marxistas siguieron interpretando con las categorías del siglo XIX; en segundo lugar, la emergencia durante el período de posguerra de nuevos sujetos políticos (los colonizados, las mujeres, los estudiantes) investidos de nuevas modalidades de explotación, dominación y acción política.

La "extraña revolución" de los años sesenta es un momento decisivo: incapaz de encontrar una solución al problema que había planteado (el socialismo no es más que una modalidad del capitalismo), desembocará en un fracaso histórico.

Todavía no hemos salido de esta derrota porque las viejas modalidades de organización y de lucha que garantizaban la independencia y la autonomía política ya no son practicables, mientras que las preguntas a las que han podido dar una respuesta siguen presentes, pero no suscitan más que invenciones y experimentaciones locales y de corta duración que no preocupan al capitalismo.

De una manera absolutamente arbitraria, voy a explicitar las condiciones que llevaron a la "desaparición" de la revolución confrontando cuatro autores: Frantz Fanon, Mario Tronti, Carla Lonzi y Hans-Jürgen Krahl, a quienes voy a utilizar (arbitrariamente) como expresión de los puntos de vista de los movimientos de los colonizados, los "trabajadores", las mujeres y los estudiantes, respectivamente. El punto de vista de estos "militantes" tiene una consistencia diferente al de los filósofos profesionales, con quienes sin embargo es interesante confrontarlos.

EN EL SIGLO XIX, POR PRIMERA VEZ LA REVOLUCIÓN ES MUNDIAL

La revolución nació burguesa en Francia, devino proletaria rondando toda Europa, pero se volvió mundial cuando se desplazó primero hacia el este y luego hacia el sur. Este ciclo de revoluciones abierto por los bolcheviques suscitó arduas discusiones. La afirmación de Gramsci según la cual "[e]l último acontecimiento de este tipo en la historia de la política fueron los acontecimientos de 1917" es evidentemente falsa porque solo es válida para el Norte. A lo largo del siglo XX fue desmentida por una seguidilla de revoluciones a escala planetaria, única en número y en intensidad. Pero la posibilidad de la revolución mundial se topa con una fractura que coincide perfectamente con la fractura colonial.

En los años sesenta el problema fue claramente planteado por Krahl, líder de los jóvenes socialdemócratas y del movimiento estudiantil alemán: si bien es cierto que "no hay ningún ejemplo de una revolución victoriosa en países altamente desarrollados", también quedó demostrado que las revoluciones no cesan de estallar en el "tercer mundo", lo que indica tanto "la unidad internacional de la protesta anticapitalista" como "una constelación y un hecho cualitativamente nuevo: la actualidad de la revolución. Por primera vez en la historia del capitalismo la revolución es una posibilidad globalmente presente y visible, pero se realiza en los países oprimidos y pobres del Tercer Mundo".

La revolución en las colonias "no tiene un carácter paradigmático para los países capitalistas", porque en Occidente "la dominación y la opresión no se ejercen sobre la base de la miseria material y la opresión física". Las luchas revolucionarias que se desarrollan de un lado y del otro de la fractura colonial no son las mismas y los métodos revolucionarios que resultan victoriosos en las colonias no pueden ser trasplantados a la metrópoli, donde la estructura del capital, del poder y de las subjetividades explotadas no es la misma.

De la red global de partidos, organizaciones, movimientos e incluso Estados que, de manera diferente, "trabajaron" para la revolución, no queda literalmente nada. La globalización capitalista que la destruyó fue una respuesta estratégica a la revolución mundial. A pesar de esto, cualquier política concebida dentro de las fronteras del Estado-nación está destinada al fracaso.

¿GUERRA CIVIL MUNDIAL O REVOLUCIÓN MUNDIAL?

La "guerra civil mundial" de Hannah Arendt, Carl Schmitt y Reinhart Koselleck fue en realidad una secuencia de revoluciones.

La revolución mundial, a pesar de su fracaso después de 1917, continuó progresando sin encontrar una estrategia internacional adecuada para sus objetivos. Pero la guerra civil mundial puede contemplarse desde dos puntos de vista: el del Estado, la biopolítica, el estado de excepción, el fascismo y el nazismo (Agamben, Foucault, etc.) y el de la "revolución", que está en la raíz de todos los cambios que afectan a la política como categoría y a su realidad. La revolución reveló que el primer punto de vista era ciego a la relación de subordinación que el Estado, la biopolítica, el estado de excepción y el sistema jurídico mantienen con el capital. No hay autonomía ni funcionamiento independiente del sistema político. El Estado y la biopolítica no son más que centros de ejecución de los "decretos" del capital (los gobiernos y la gobernanza de los diferentes Estados durante la crisis financiera son un ejemplo de ello). La máquina del capital es un "soberano" *sui generis* (al cual también pertenece ahora el Estado) que toma decisiones, elige, orienta y hace que la administración, el sistema jurídico y la policía trabajen en su propio beneficio y bajo su poder.

La política está en la "economía" (Marx), pero a condición de entender, con Lenin, la relación capitalista no como una mera "relación social", sino como el foco de una confrontación estratégica que todas las revoluciones del siglo XIX subjetivaron.

REVOLUCIÓN DEL CONJUNTO DE LAS RELACIONES DE DOMINACIÓN

A la globalización de la revolución en el Sur le corresponde una ampliación de las luchas que atacan al conjunto de las relaciones de poder capitalistas que exceden la relación capital-trabajo. El capitalismo nunca sufrió una ofensiva que vinculara la extensión mundial de la revolución y la intensidad social de las luchas. Foucault definió el período 1955-1975 como el de la "insurrección de los saberes sometidos".[113] La "eficacia de las ofensivas dispersas y discontinuas" llevadas a cabo por los saberes sometidos hace posible la "inmensa y proliferante criticabilidad de las cosas, las instituciones, las prácticas, los discursos", y el ataque a la institución psiquiátrica, a la "moral" o a la "jerarquía sexual tradicional", al aparato judicial y penal, a las enfermedades mentales, al hospital, a la escuela, etc.

A esta extensión de las luchas no le corresponde una innovación en la teoría y la práctica de la revolución, sino una fragmentación de puntos de vista a menudo incompatibles, incapaces de establecer una estrategia contra un enemigo común. Las luchas que fueron derrotadas a fines de la década de 1970, lejos de estar muertas, están henchidas de "presentes", es decir, de posibles que no se han actualizado pero que todavía persisten (Benjamin). En la medida en que constituyen la parte eterna de todo acontecimiento (Deleuze), estos posibles siempre están virtualmente "presentes" y pueden entrar en resonancia con la actualidad por el encuentro con una nueva ruptura revolucionaria (de la cual, por el momento, no se ve ningún rastro).

LAS DOS ESTRATEGIAS DE LA REVOLUCIÓN

Hans-Jürgen Krahl resume perfectamente la fuerza y los límites de la revolución tal como fue pensada y practicada por el movimiento obrero.[114] Los dos principios o estrategias de la

---

[113] Michel Foucault, *Defender la sociedad*, ob. cit., p. 18. [N. del T.]

[114] Cincuenta años más tarde, Rancière reprodujo el mismo juicio sin haber avanzado un centímetro: "Toda la historia moderna está atravesada por la tensión entre la lucha de clases concebida como formación de un ejército para derrotar al enemigo y la lucha de clases considerada como la secesión de un pueblo que inventa sus propias instituciones y formas de vida autónomas".

revolución, la "socialización" (reglas sobre el uso de la violencia para la toma del poder, la destrucción del aparato estatal y la expropiación de los expropiadores, la distribución de la propiedad de los medios de producción) y la "comunicación" (la lucha política por el poder presupone que hay reglas de solidaridad que ya existen en la práctica de la organización), que deben ser concebidas y practicadas como inseparables, resultan difíciles de conciliar.

En el pasado, los movimientos obreros no lograron establecer una relación entre las reglas de la violencia dictadas por la táctica de la lucha por el poder y las reglas de solidaridad dictadas por la praxis de la organización.

Este punto de vista se encuentra todavía en el interior de la tradición del movimiento obrero, mientras que Lonzi se coloca afuera y Fanon en el límite. Lo que está en cuestión no concierne únicamente a la solidaridad (Krahl), ni a la relación entre (tomar el) poder y comunismo, como en Benjamin.

Sometimientos

Con el surgimiento de los movimientos de mujeres y de descolonización, las contradicciones dentro del proceso revolucionario parecen dislocarse y darles lugar a procesos "revolucionarios" muy diferentes que a fines de los años sesenta eran prácticamente irreconciliables y que hoy parecen serlo aún más.

Las modalidades de la dominación y la explotación de las mujeres y de los pueblos colonizados son específicas y difíciles de comprender para la tradición del movimiento obrero, dado que combinan la dominación racial y sexual y la explotación económica. Su superación requiere métodos de organización y objetivos de acción política muy diferentes a los del leninismo.

"La mujer se encuentra oprimida en el interior del modelo sexual", dice Lonzi. ¿Qué falta en la teoría socialista?, se pregunta. Lenin prometió la libertad, pero no aceptó el proceso de liberación, que para las feministas partía del sexo. Los marxistas lograron hacer la revolución, pero la dictadura del proletariado demostró ser incapaz de "disolver los roles sociales". La "socialización de los medios de producción no debilitó la institución de la familia, sino que la fortaleció [...] excluyendo a las mujeres como parte activa en la elaboración de la agenda socialista".

El sometimiento del colonizado y de la mujer no pueden deshacerse atacando simplemente la "producción" y la explotación del trabajo. Las singularidades de esta producción de "subjetividad" ("la mujer") requieren una intervención política y una modalidad de organización que no apunta solamente a la toma del poder. En la situación colonial, el trabajo político es doble, porque no se puede "eliminar la subjetividad". El hombre negro debe llevar a cabo una doble lucha, "tanto en el plano objetivo como en el subjetivo". Dado que "el alma negra es una construcción del hombre blanco", debe liberarse de sí mismo, de modo que, para Aimé Césaire, "la lucha de los pueblos colonizados contra el colonialismo, la lucha de los pueblos de color contra el racismo es mucho más compleja; es, a mi juicio, de una naturaleza muy distinta a la lucha del obrero francés contra el capitalismo francés".

TRABAJO

Si la forma de la dominación de las mujeres y de los pueblos colonizados es muy diferente a la de los obreros, también su trabajo (gratuito) lo es.

El manifiesto de Rivolta Femminile afirma que "el trabajo doméstico no remunerado [es] la prestación que permite subsistir al capitalismo privado y estatal", al tiempo que se niega a concebir la liberación de la mujer a través del acceso al trabajo productivo (Lenin). Por el contrario, darles valor a "los momentos improductivos es una extensión de la vida propuesta por la mujer". La "competencia productivista" es el "plan de poder" común al "capitalismo estatal o privado".

En las colonias, las oposiciones ciudad/campo, obrero/lumpen, estructura/superestructura no pueden funcionar. En este mundo que el marxismo europeo considera "premoderno" (por lo tanto, lo ignora), encontramos toda una serie de figuras y problemas que nos resultan ahora muy familiares. La explotación del hombre "adopta facetas diferentes" (desempleado, trabajador temporal, lumpen, proletario, obrero, etc.) que el capital "unifica" no por medio del trabajo asalariado y la industria, como en el pasado, sino como ocurre actualmente, por las finanzas. "Esta manera de plantear el problema de la evolución de los países subdesarrollados" mediante un llamado al productivismo, al desarrollismo como en la Unión Soviética ("hay que apretarse el cinturón y trabajar"), "no nos parece ni justa ni razonable" (Fanon).

El trabajador y el "trabajo" se han transformado en algo que se parece más a la condición de los pueblos colonizados y de las mujeres (trabajo precario, servil, pobre, gratuito) que a la del obrero descripto por Tronti.

LA AUTONOMÍA DE LA ORGANIZACIÓN

Las mujeres y los pueblos colonizados reclaman organizaciones autónomas para responder a los problemas que la organización y la teoría del movimiento obrero no contemplan.

Quizás es en el movimiento feminista donde encontramos la crítica más radical de la centralización y la verticalidad de las relaciones de poder en el interior del "partido" y los objetivos de la organización revolucionaria. La transformación de los "roles sociales", que la revolución deja para después de la revolución, es el objeto inmediato de la práctica política. Las mujeres, para convertirse en un sujeto político autónomo, inventan una democracia radical. En el seno de agrupaciones autoconscientes, experimentan nuevas relaciones horizontales, no jerárquicas, que producen un conocimiento colectivo específico de las mujeres. El concepto y la práctica de la "representación" y la delegación están ausentes, dado que el problema no es ni la toma ni la gestión del poder.

Desarmar los roles y la asignación de la feminidad significa no sucumbir a las promesas de emancipación *a través del trabajo* y de *la lucha por el poder*, que son considerados valores de la cultura patriarcal (y del movimiento obrero). El movimiento feminista no reclama ninguna participación en el poder, sino, por el contrario, una discusión del concepto de poder y de toma del poder, porque lo único realmente necesario para administrarlo "es una forma de alienación particular".

El movimiento feminista logra así separar las prácticas de constitución y afirmación del sujeto autónomo y la cuestión de la revolución, produciendo dos conceptos de "politización" muy diferentes y (según Lonzi) incompatibles.

El partido en las colonias

Los pueblos colonizados, mientras practican una doble lucha, objetiva (contra el capitalismo) y subjetiva (contra el sometimiento), introducen otra problematización dentro de la tradición revolucionaria obrera codificada por los bolcheviques.

El partido "es una noción importada de la metrópoli. Este instrumento de las luchas modernas es aplicada tal cual" a la realidad proteiforme de las colonias. "La máquina del partido se muestra reacia a toda innovación", frente a una realidad que no tiene nada en común con la que Tronti describe en *Obreros y capital*, porque la clase obrera no existe o constituye una minoría.

Los pueblos colonizados no solo se niegan a someterse a la hegemonía de la clase obrera y al movimiento obrero, sino que exigen modalidades de organización separadas y autónomas. La cuestión colonial no puede ser tratada como parte de una totalidad más importante, representada por los intereses del Partido Comunista, dirá Césaire.

Las fuerzas que luchan contra la colonización "se marchitarían en organizaciones que no les sean propias, hechas para ellos [los pueblos negros], hechas por ellos y adaptadas a objetivos que solo ellas pueden determinar". Ni la teoría ni la conciencia pueden venir desde afuera. Al mismo tiempo que crean sus propias organizaciones, los pueblos colonizados deben elaborar sus propias estrategias.

La crítica de la representación y de la delegación también atraviesa estas fuerzas. Los pueblos no necesitan un líder, "no son rebaños y no tienen necesidad de ser conducidos. Si el líder me conduce quiero que sepa que, al mismo tiempo, yo lo conduzco" (Fanon).

Para Fanon, a diferencia de Lonzi, la "toma del poder" nunca está en duda ("Desde 1954, el problema que se han planteado los pueblos colonialistas ha sido el siguiente: '¿Qué hay que hacer para lograr un Dien Bien Phu?' […] lo que constituía el problema era la distribución de fuerzas, su organización, el momento de su entrada en acción"). En cambio, el sujeto y las modalidades de la revolución aparecen problematizados. De manera significativa, *Los condenados de la tierra* aporta respuestas diferentes a la pregunta del quién y el cómo de la revolución. Primero, Fanon afirma que la revolución solo podrá ser mundial y "se hará con la ayuda decisiva de las masas europeas", a pesar de que se han "alineado en cuanto a los problemas coloniales con las posiciones de nuestros amos comunes". Más tarde, en las conclusiones, es el "tercer mundo" el que, teniendo en cuenta "las tesis algunas veces prodigiosas sostenidas por Europa", pero también sus "crímenes", se encarga de "reiniciar una historia del hombre". Aquí, hay una oposición entre el "tercer mundo" y "Europa" que no parece tener en cuenta lo que Fanon denominó anteriormente "nuestros amos comunes". El enemigo se vuelve Europa en tanto que tal, el capitalismo parece desaparecer bajo la división racial. Estas ambigüedades experimentarán una desafortunada recuperación en el pensamiento poscolonial, porque la revolución será completamente dejada de lado.

CRÍTICA DE LA DIALÉCTICA

¿Cómo salir de la dialéctica y del historicismo? Esa es la pregunta que Lonzi y Fanon tratan de responder. Mientras explotan el rico arsenal conceptual europeo, realizan un violento ataque contra la dialéctica hegeliana (y su traducción marxista). La dialéctica no puede desarmar los roles y funciones a los que se someten las mujeres y los negros, excluidos de la historia y del espacio público. La promesa de la emancipación de la dialéctica no puede sostenerse.

Solo se refiere a los conflictos que tienen lugar dentro del "modelo mayoritario" (hombre, blanco, adulto, etc.), por lo que es "blanca y masculina". Los pueblos negros y las mujeres están "atrapados" en "estadios" de los cuales no pueden salir para alcanzar la libertad de la autoconciencia. Condenados para siempre a su condición de dominados, constituyen la cara oculta de la dominación del capital mundializado que Hegel tradujo a los conceptos del "espíritu europeo".

En la progresión dialéctica, dirá Fanon, no podemos crear ningún sentido, dado que "es un sentido que estaba allí, preexistente, esperándome". A este devenir histórico ya determinado, que contiene ya en sí mismo y desde el principio su final, Fanon le opone la "imprevisibilidad".

Desde el punto de vista de la dialéctica marxista, la lucha depende del desarrollo de las fuerzas productivas, según una linealidad que Fanon cuestiona. El proceso revolucionario es salto, ruptura no dialéctica en el orden de la historia que debe abrirse a la invención y al descubrimiento de algo que la historia aún no contiene. Lo imprevisible, como un medio para salir de la historia, es una temática que se encontrará, enriquecida y ampliada, en Lonzi, que establece muy claramente y de manera doble las condiciones de la ruptura con la máquina de guerra leninista y el sujeto que la acompaña. Primero, declara que el sujeto no está dado, que es, por el contrario, "imprevisto", y que la temporalidad del movimiento feminista no es el futuro, sino el presente. El sujeto imprevisto implica un "acto imprevisto", una ruptura que crea las posibilidades de su propia liberación.

Lonzi apunta directamente a la revolución marxista, que plantea una ruptura en el plano del "poder", pero una continuidad en cuanto al "sujeto" revolucionario. La revolución (como sujeto) ya está en marcha ("el movimiento real de abolición del estado de cosas actual"), solo deberá realizarse con la toma del poder, lo que le permitirá finalmente desplegarse según modalidades más racionales y más "productivas" que las del capital. En este marco, la temporalidad de la revolución es el futuro (promesa), mientras que la temporalidad de la ruptura feminista es el "presente", el aquí y el ahora (*"No existe la meta, existe el presente"*) que abre el proceso de destrucción de los estereotipos de la femineidad y la subjetivación.

Los años sesenta redescubrieron la nueva relación entre "presente" y revolución que Benjamin había priorizado, sin la aguda conciencia que este tenía de la fuerza destructiva del capital. Si Benjamin es el primero, en el marco de la tradición marxista, en pensar la revolución como ruptura del continuum histórico a partir del "presente", en aquella década florecieron diferentes teorías del acontecimiento para tratar de conceptualizar este "presente" marcado por las luchas.

La afirmación de la discontinuidad de la historia, la crítica de su causalidad y sus determinismos, recuerda lo *imprevisto* de Lonzi y la *imprevisibilidad* de Fanon: el sujeto revolucionario deriva de la historia, pero no depende de ella; si es el resultado de la situación económica, política y social, no es deducible de esta situación. No puede ser anticipado por la imaginación, por un proyecto o un programa, ni captado adecuadamente por el saber, la ciencia o la teoría. Lo que podemos conocer son las condiciones de las cuales surgirá, pero es imposible anticipar las modalidades en las que se despliega. La revolución es propiamente algo "imprevisto", algo que puede prepararse, organizarse, favorecerse, pero cuya subjetivación no aparece contenida en las condiciones. Ella es "imposible" en el orden de las causalidades de la historia, inimaginables a partir de los determinismos económicos, sociales y políticos.

El acontecimiento proviene de la historia, rompe con su continuidad y, al desviarse de sus determinaciones, crea nuevos posibles, inimaginables e imposibles antes de la ruptura, pero su actualización vuelve a arrojarlo en la historia, confrontándolo con su "realidad". La historia y la situación de donde surge el acontecimiento, pero también la historia y la situación adonde el acontecimiento va a volver, no pueden definirse genéricamente. La historia y la situación de donde provienen los movimientos del 68 y adonde van a retornar se caracterizan por la "guerra civil mundial" y la "revolución mundial".

Las teorías del acontecimiento hicieron hincapié en el momento creativo a expensas del momento destructivo de la acción política (aunque Deleuze advierte que se trata de una teoría para las "almas bellas"), a menudo identificada con lo "negativo" hegeliano. Lo que Benjamin aún mantenía unido bajo la amenaza del nazismo está aquí separado en una teoría del "devenir revolucionario" (presente todavía en el paradigma estético de Guattari o en la parresía de los últimos cursos de Foucault) que parece no conocer la articulación entre "producción y destrucción" de la tradición revolucionaria.

EL MOVIMIENTO OBRERO

Las ambigüedades, vacilaciones y diferencias, incluso radicales, que hemos visto desarrollarse en el interior de la revolución mundial se enfrentan con un obstáculo que es tanto teórico como político: la práctica y la teoría del movimiento obrero, que es una de las causas (mayores) de la derrota.

Tronti representa una innovación dentro del marxismo, pero sin salir de su marco e incluso exasperando sus límites (en el fondo, puede muy bien representar el punto de vista del movimiento obrero, porque siempre fue un hombre del Partido Comunista, con el que comparte buena parte de su recorrido y su destino/decadencia). En *Obreros y capital*, para salir de la dialéctica, vuelve a leer la historia de la clase obrera aplicando los conceptos marxianos de *Angriffskraft* (fuerza de ataque) de la clase y *Widerstandskraft* (fuerza de defensa) del capital. Tronti les presta a los movimientos de la clase obrera una autonomía y una primacía sobre las del capital, que se encontraría entonces en una posición defensiva y reactiva.

Muy rápidamente (dos años después de la publicación de su libro en 1966), su punto de vista estratégico (contra el sociologismo y el economismo del marxismo de posguerra) quedó ampliamente superado por los acontecimientos del 68 por tres razones fundamentales. Primero y principal: ignora completamente el surgimiento de movimientos de descolonización y de movimientos feministas desde finales del siglo XIX, pero con una fuerte aceleración durante la Primera Guerra Mundial y la Revolución soviética. La definición de la fuerza laboral sin los "colonizados" ni las "mujeres" es un error teórico incluso antes de ser un error político. No es más que una definición "mutilada" y eurocéntrica del capitalismo, que impide que Tronti vea las características de la "revolución mundial" y su extensión "racial y sexual".

Lenin nunca estuvo en Inglaterra, como pretendía el título de un artículo escrito por Tronti a principios de la década de 1960. Lenin (o la revolución) anduvo por lugares donde había "retraso" en el desarrollo de las fuerzas productivas, lugares donde la situación estaba completamente desfasada respecto del centro industrial, científico y tecnológico del capitalismo, organizando máquinas de guerra que no estaban animadas principalmente por obreros, sino por campesinos.

Tronti resulta ser un estratega muy poco lúcido por otras dos razones: afirma la primacía de la iniciativa de la clase obrera en el momento en que comienza a perder toda su hegemonía política y donde el capital está recuperando una ventaja política que no va a volver a perder. A partir de ese momento, la agenda política, el terreno de la confrontación política, su forma y contenido serán siempre definidos por el capital. Tronti no puede pensar que la fuerza de la clase estaba relacionada desde un principio con la posibilidad y la realidad de la revolución (que para Tronti como para el Partido, terminó con 1917). Sin revolución, los obreros son un mero componente del capital. El intento de superar el "fracaso" del operismo ocurrió a partir de otro error estratégico. Tronti establece la autonomía de lo político (en realidad, la autonomía del Estado) en el mismo momento en que este último también se convierte en un elemento, un componente, un engranaje en la máquina de guerra capitalista, sin más independencia posible.

Frente a los movimientos políticos que se afirman en los años setenta y al capitalismo que retoma la iniciativa, el propio Tronti reconoció el fracaso de *Obreros y capital*. Lo que queda de esta teoría solo sería la posición partidaria del punto de vista "obrero". Solo aquel que no reivindica ninguna universalidad, sino un punto de vista parcial basado en intereses políticos de clase, puede "reconstruir la verdad del todo" (del capital). Pero precisamente desde el período de posguerra, no todos los explotados y dominados se identifican con la clase obrera; los puntos de vista parciales son numerosos y todos (los movimientos feministas, los movimientos de descolonización, los movimientos estudiantiles) afirman "verdades" heterogéneas y "totalidades" diferentes, a menudo incompatibles. No hace falta decir que la revolución, tanto en Tronti como en el Partido, es el recuerdo de una Europa crepuscular.[115]

LA EXPULSIÓN DE LA REVOLUCIÓN DE LA TEORÍA POSCOLONIAL

En los movimientos posteriores al 68, la problematización, las contradicciones, los conflictos, las diferencias teóricas y

---

[115] Pero el primer premio a la ceguera se lo lleva Althusser: "Basta con ver cómo el Partido supo 'digerir' los acontecimientos de Mayo, integrarlos en su línea tradicional, en particular cómo supo tratar al movimiento estudiantil, para ver que es lo suficientemente capaz de *amortiguar* incluso un movimiento de masas de gran envergadura y de mantener su dirección. La política actual, que consiste en poner por delante a la CGT y continuar subsistiendo a su sombra, esta división del trabajo inteligente y eficaz demuestra que el Partido tiene un amplio margen de maniobra, donde los dispositivos de acción preventiva le aseguran el máximo de seguridad" (Louis Althusser, *Écrits sur l'histoire*, París, PUF, 2018, p. 88).

políticas de la revolución mundial, incluso las más radicales, giraron rápidamente hacia la "despolitización".

Las teorías poscoloniales, aunque profundizan las críticas al ejercicio del poder colonial y neocolonial, prescinden del concepto y de la realidad de la ruptura revolucionaria. Aquí conviene hacer mención de Achille Mbembe, un autor que es importante para la teoría poscolonial a pesar de que él niegue pertenecer a ella. Mbembe despliega y extiende el concepto apenas esbozado por Foucault de tanatopolítica, trazando su genealogía a partir de la historia de la trata de esclavos (necropolítica) y, sin embargo, deja de lado el horizonte de revolución. "La esperanza de un nuevo triunfo sobre el Amo ya no cuenta. Ya no esperamos la muerte del Amo. Ya no creemos que es mortal. Como el Amo ya no es mortal, solo nos queda una ilusión, a saber, ser parte del Amo".[116] Por supuesto, esta afirmación puede dar lugar a interpretaciones múltiples, pero el giro que propone, e incluso su concepción de un "devenir negro del mundo", por interesante que sea, deja completamente de lado cualquier ruptura revolucionaria.

En cuanto a los teóricos de los estudios poscoloniales, estos pretenden ser a la vez el pensamiento radical de la época y los herederos de las luchas de liberación nacional y de las revoluciones antiimperialistas (su punto de partida es el cuestionamiento de las razones del fracaso de las revoluciones, pero no piensan nunca las nuevas condiciones, como si la derrota hubiera puesto fin a su posibilidad para siempre). Sin entrar en la complejidad y la diferencia de posiciones, una cosa nunca deja de sorprender: su punto de vista no tiene nada que ver con el de los pueblos colonizados del siglo xx que reivindican.

---

[116] Achille Mbembe, *Politique de l'inimitié*, París, La Découverte, 2016, p. 169.

Su crítica de Europa, del eurocentrismo, de las categorías elaboradas por el pensamiento europeo, etc., está muy lejos de la forma en que los colonizados y los esclavos se relacionan con el "centro" del capitalismo de su época.

Los colonizados entendieron sin ninguna dificultad lo que los teóricos poscoloniales no alcanzan a ver. Europa es seguramente el foco de la conquista colonial, el origen de la violencia absoluta ejercida sobre las poblaciones colonizadas, pero también es el lugar de la invención de la revolución. La Revolución francesa lleva consigo una voluntad "burguesa" de mantener la esclavitud, subordinar a las mujeres y someter a los desposeídos, pero ni las esclavas de Santo Domingo ni Olympe de Gouges con la Declaración de los Derechos de las Mujeres, ni los *sans-culottes* perdieron la oportunidad de rebelarse, incluso de hacer una verdadera revolución (Haití) que sentó las bases de las luchas por venir. Cuando la revolución se volvió proletaria y Europa comenzó a producir teorías anticapitalistas (especialmente el marxismo) y modalidades de organización "revolucionarias", los semicolonizados y los colonizados no se plantearon la cuestión de si las categorías de poder y subjetividad desarrolladas en Europa correspondían a su realidad: las usaron. Fue un revolucionario con los ojos rasgados el que lideró, con herramientas teóricas forjadas en Europa y adaptadas a la situación rusa, la primera revolución proletaria victoriosa que abrió las puertas a la revolución no en Occidente, sino en Oriente y luego en el sur del planeta.

Los colonizados, muy selectivos, tomaron de Europa lo que más les convenía, las críticas al capitalismo, un modo de dominación mundial que, por supuesto, se articula de manera diferente en Occidente y en Oriente. La revolución que se desplazó hacia el Este y luego se extendió por el Sur se transformó, criticando el historicismo marxista, rompiendo con su teoría de las etapas, reconfigurando la teoría del sujeto revolucionario por la inclusión del campesinado, revisando la teoría del partido (Fanon), de la clase (Amílcar Cabral), la relación entre estructura y superestructura, "deformando el marxismo al ampliarlo", inventando una nueva función para la "cultura", etc., pero siempre siguió siendo fiel al proyecto de superación del capitalismo.

El fracaso de la revolución mundial proviene de la incapacidad de establecer una estrategia subjetiva capaz de actualizarla integrando todas estas transformaciones y críticas. La revolución se replegó rápidamente en el "socialismo en un solo país" y en los diferentes nacionalismos, mientras que la clase obrera occidental y sus instituciones, ciegas a los nuevos sujetos políticos en vías de consolidarse, se plegaron a la lógica del capital.

Si para estas teorías la cuestión de cómo "provincializar Europa" constituye una cuestión estratégica, el problema dejó de plantearse desde hace tiempo, dado que desde la Primera Guerra Mundial Europa se ha venido encargando de ello, y por partida doble, al haber perdido la capacidad de ser el centro del capitalismo y el foco de la revolución. El punto de vista de los estudios poscoloniales es el de dominados encerrados en la dominación, mientras que los colonizados del siglo XX afirmaron la revolución a partir de su "esclavitud". La postura es muy diferente: la primera desemboca de manera más o menos radical en la posición de la "víctima", la segunda conduce a la subjetivación revolucionaria.

RETOMAR LA REVOLUCIÓN

La división entre constitución del sujeto y revolución, que encuentra en los textos de Lonzi su elaboración más coherente, podría conceptualizarse y generalizarse con las categorías de Deleuze. Para contrarrestar los ataques sufridos por la "revolución" después de su derrota político-militar de la década de 1960, Deleuze distingue las "revoluciones" (¡que siempre terminan mal!) y el "devenir revolucionario" de los participantes del proceso revolucionario, que se prolonga más allá del fracaso de las primeras. Numerosos movimientos posteriores al 68 parecen haber construido su estrategia sobre esta separación entre el "devenir revolucionario" (crítica de las sujeciones, producción diferencial de subjetividad, autonomía e independencia de "formas de vida", afirmación del yo y cuidado de "sí") y la "revolución" (cambio radical del régimen de propiedad, lucha por el poder político, normas sobre el uso de la violencia, expropiación de expropiadores, superación del capitalismo). Esta separación coincide con la distinción entre emancipación y revolución, donde la primera consiste en la salida de cualquier minoría (sexual, racial, étnica, etc.) del estado de inferioridad, exclusión y dominación en el que el capitalismo las ha encerrado, mientras que la segunda requiere el abandono del capitalismo. La abolición de la esclavitud ya había demostrado los límites de las políticas centradas únicamente en la emancipación, que no impedían el pasaje de una segregación racial a otra. La dimensión "creativa" de la acción política está radicalmente separada de la dimensión "destructiva".

¿Pero es posible romper la estrecha relación que anuda revolución y devenir revolucionario? ¿Puede el proceso de producción y diferenciación de la subjetividad llevarse a cabo sin, al mismo tiempo, apuntar a la ruina del capitalismo y del Estado? Cuarenta años de dominación neoliberal parecen haber demostrado que sin una relación y un enriquecimiento recíproco de la revolución y del devenir revolucionario, ambos se debilitan inexorablemente.

La estrategia de la autonomización del devenir revolucionario no solo corresponde a la mayoría de los movimientos feministas y queer que la siguen y practican, sino también a los pensamientos críticos heredados de las luchas de la década de 1960 en Occidente. La constitución de un sujeto revolucionario sin revolución la encontramos también en Negri, para quien el trabajador cognitivo se vuelve "cada vez más autónomo e independiente" a medida que se desarrolla la producción definida como biopolítica. Los trabajadores cognitivos adquieren un poder que está estrictamente relacionado con su función en la producción, previo a cualquier organización y práctica revolucionaria, dado que el trabajo del "cognitariado" es constitutivo del mundo y de sus relaciones (trabajo ontológico). La fuerza de autonomía e independencia que este trabajador colectivo acumula en y contra la producción biopolítica constituye un "éxodo" en acto, un proceso de salida del capitalismo que ya está en marcha. La revolución, eventualmente, no sirve más que para afirmar eso que ya está allí (lo común de la cooperación). Rancière acentúa aún más esta disociación entre revolución y devenir revolucionario cuando afirma la existencia de dos tipos de conflictos: el conflicto de fuerzas (la lucha de clases de la tradición marxista) y el conflicto de mundos (la autoafirmación subjetiva de la autonomía del sujeto político); esto es, emancipación/revolución. La acción política como la invención de nombres que rompen la identificación social, que hacen saltar las mediaciones del orden consensual al desplegar un tiempo autónomo y creador de nuevas formas de vida, no opone fuerzas, sino mundos. La novedad del 68 residiría en la disociación que produjo entre conflicto de mundos y conflictos de fuerzas.

Esta disociación suele jugar malas pasadas, porque el mundo de la igualdad de los movimientos políticos y el de la desigualdad capitalista no proceden de manera paralela. El mundo de la desigualdad, inseparable del ejercicio de la fuerza, derrotó sistemáticamente al mundo de la igualdad, reduciendo a casi nada los espacios de "disenso". Con los nuevos fascismos, la desigualdad cruza otro umbral en el ejercicio de su fuerza.

No podemos llevar más lejos nuestras reflexiones porque, como explicó Krahl, una "teoría revolucionaria" no es lo mismo que una "teoría de la revolución". Una teoría revolucionaria (la totalidad del pensamiento del 68 o casi) representa a la sociedad bajo el modo de su transformación posible revelando las relaciones de dominación, mientras que una teoría de la revolución señala principios estratégicos concretos: es la tarea que retoma la organización revolucionaria y los futuros revolucionarios.

Dirección editorial Leonora Djament
Edición y coordinación Virginia Ruano
Corrección Silvina Varela
Prensa y comunicación Tamara Grosso
Asistente de edición Eleonora Centelles
Diseño de colección y de tapa Cali Hernández y Vero Lara
Administración Marina Schiaffino

Para esta edición de *El capital odia a todo el mundo*, de Maurizio Lazzarato, se
utilizó papel ilustración de 300 g en la tapa y Bookcel de 80 g en el interior.

Se terminó de imprimir en marzo de 2021 en Talleres Gráficos Elías Porter,
Plaza 1202, Ciudad de Buenos Aires, Argentina.